差がつく練習法

野球 強打者になるバッティングドリル

著 齋藤正直 専修大学野球部監督

INTRODUCTION
はじめに

　野球の練習の中でもっとも楽しいのはバッティング練習だと言われています。ゲームで長打を連発する、緊張感溢れる場面でタイムリーを放つ、さらには試合を決める本塁打。皆さんは常日頃よりそのようなイメージを持ちながら練習に励んでいることでしょう。

　ところが、いざ打撃練習となったときに、タイミングが取れない。軸がぶれて体が前に流れてしまう。バットが波打つ。強く振れない。芯で捉えることができない。変化球が…。などなどうまくいかずに悩むことが多いのも事実です。

　そのような悩みをすぐに解決できる処方箋があれば嬉しいですが、なかなかそうはいきません。ただし、日々の練習の中で弱点を克服すべく地道な努力を重ねていけば、打撃力は確実にアップします。本書では打撃力アップのために、いろいろな練

習方法を列挙しています。前半部分にトレーニング方法を掲載しています。まず何よりも打撃力アップのために、このトレーニングをしっかりと行うことをお勧めします。打撃力アップだけではなく野球のための素地を鍛えることができます。

また、トスバッティング（ティーバッティング）を中心として多くのメニューを紹介していますが、取り組む過程でいろいろとやり方に関してチームメートと議論し、さらにはオリジナルな練習方法を構築できるヒントとしても活用してください。

日々の地道な努力こそが、打撃力アップの近道と信じ、一生懸命練習に励んで下さい。

専修大学野球部監督
齋藤正直

CONTENTS
目次

2 ──── はじめに

第1章 トレーニング

10	Menu001	正座ツイスト（手のひらをついて）
11	Menu002	正座ツイスト（ヒジをついて）
12	Menu003	うつ伏せ上半身ローリング
13	Menu004	うつ伏せ下半身ローリング
14	Menu005	オーバーヘッドフルスクワット
15	Menu006	スモウ・デッドリフト
16	Menu007	四股ツイスト
17	Menu008	ワニ歩き
18	Menu009	３Ｄツイストランジ
19	Menu010	体幹（プローンアーチ）
20	Menu011	体幹（70秒スタビライゼーション）
21	Menu012	体幹（スタビライゼーション・インサイド）
22	Menu013	体幹（スタビライゼーション・アウトサイド）
23	Menu014	体幹（スパイン・エルボー・ヒール）
24	Menu015	背筋（平泳ぎ）
25	Menu016	腹筋（腹斜筋）
26	Menu017	キャット＆ドッグ
27	Menu018	マットトレーニング（中間位）
28	Menu019	マットトレーニング（内旋位）
29	Menu020	マットトレーニング（外旋位）
30	Menu021	うつ伏せマットトレーニング（中間位）
31	Menu022	うつ伏せマットトレーニング（内旋位）
32	Menu023	うつ伏せマットトレーニング（外旋位）

33	Menu024	プッシュアップ①
34	Menu025	プッシュアップ②
35	Menu026	プッシュアップ③
36	Menu027	フロントランジ・ツイスト・チョッピング
38	Menu028	サイドランジ・ツイスト・チョッピング
40	Menu029	バックランジ・ツイスト・チョッピング
42	Menu030	内転筋（一人）
43	Menu031	内転筋（パートナーあり）
44	Menu032	中殿筋
45	Menu033	リストロール
46	Menu034	新聞紙丸め
47	Menu035	専大八種

第2章 トップを作る

52	Menu036	バット回し
54	Menu037	バスターからトップを作る
56	Column ①	「ボールを待てない」という悩みを解決

第3章 ティーバッティング

58	Menu038	ティーバッティング（基本）
60	Menu039	ティーバッティング（横から）
62	Menu040	ティーバッティング（ななめ後ろから）
64	Menu041	ティーバッティング（上から）
66	Menu042	ティーバッティング（近くから）
68	Menu043	軸足をイスに乗せる
70	Menu044	前足をイスに乗せる
72	Menu045	バウンド・ティー
74	Menu046	バウンド・ティー（高・中・低）
78	Menu047	バウンド・ティー（後ろから）
80	Menu048	バランスボール・ティー
82	Menu049	天井トス
84	Menu050	走り込んでから打つ
86	Menu051	片方の目をつぶって
88	Menu052	目をつぶってティー
90	Menu053	ロングスタンス（高・中・低）
92	Menu054	スピードアップトス
94	Menu055	近くから早く
96	Menu056	近くからトス（高さを変える）

98	Menu057	ランダムな高さを打つ
100	Menu058	下から振り上げ
102	Menu059	逆手で打つ
104	Menu060	インパクトを意識したティー
106	Menu061	腕を１本で低めを打つ
108	Menu062	両手で低めを打つ
110	Menu063	ペットボトルをヒザに挟む
112	Menu064	ペットボトルをワキの下に挟む
114	Menu065	軽打する
116	Menu066	イスに座って
118	Menu067	かかと重心を矯正する
120	Column ②	「個性」は直す必要はない

第4章 スイング

122		バットスイングの見本
124		スイングのポイント
126	Menu068	ヒザが落ちるのを矯正する
128	Menu069	棒を使う（その他）
130	Menu070	ヒザを柔らかく使う
132	Menu071	ヒザ回し
134	Menu072	竹ぼうきを振る
136	Menu073	内壁を作る

138	Menu074	「行く」と「戻し」…一瞬の我慢
140	Menu075	ボールの内側を叩く
142	Menu076	いろいろなコースを打つ
146	Menu077	ダメスイングを直す
148	Column ③	体重を後ろに残せない

第5章 その他の練習

150	Menu078	ペッパーゲーム
152	Menu079	フリーバッティング
154	Menu080	ロングティー
156	Menu081	ヒジの使い方①
158	Menu082	ヒジの使い方②
160	Menu083	グリップを抑える
162	Column ④	自分の打撃フォームを分析

第6章 バント

164	Menu084	バント（基本の形）
166	Menu085	セーフティーバント
168	Menu086	ドラッグバント
170	Menu087	プッシュバント

172 　　おわりに

本書の使い方

本書では、写真や図、アイコンなどを用いて、一つひとつのメニューを具体的に、よりわかりやすく説明しています。写真や"やり方"を見るだけでもすぐに練習を始められますが、この練習はなぜ必要なのか？　どこに注意すればいいのかを理解して取り組むことで、より効果的なトレーニングにすることができます。普段の練習に取り入れて、上達に役立ててみてください。

▶ 得られる能力や効果がわかる
練習の難易度、その練習から得られる能力や効果を具体的に紹介。自分に適したメニューを見つけて練習に取り組んでみましょう。

▶ 練習のポイントを多数紹介
この練習を行う際のポイントや注意点を細かく紹介しています。一つずつポイントをチェックして練習の効果を上げましょう。

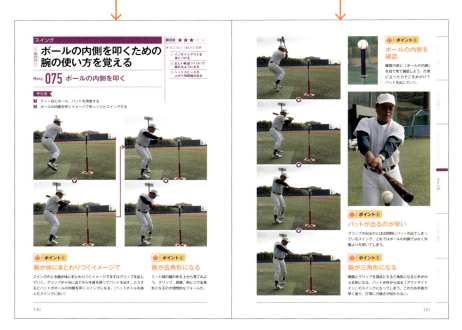

そのほかのアイコンの見方

 選手のポイント
練習するにあたって選手が特に気をつけたいことの紹介です

 コーチのポイント
練習するにあたって指導者が気をつけたいことの紹介です

 **ワンポイントアドバイス**
掲載した練習法をより効果的に行うためのポイントの紹介です

第1章
トレーニング

打てる打者になるためにもまずは強い体を作らなければならない。
豊富なトレーニングメニューを紹介しよう。

トレーニング

体幹を引き締めながら胸椎の可動域を広げる

ねらい

Menu 001 正座ツイスト（手のひらをついて）

やり方

1. 正座して片手を地面につき、片手を頭の後ろに置く
2. ヒジで弧を描くようにして広げる
3. 反対の手も同じように行う

⚠ 選手のポイント

体幹を安定させたまま動かす

地面につく手は肩の真下に置く。腕を動かしたときにおしりがかかとから離れないように注意しよう。また体幹を引き締めつつ呼吸を止めずに行うこと。

📢 コーチのポイント

腰はひねらないように

選手の正面から見て、腰からひねっていないかチェックしてあげよう。このトレーニングは腰のストレッチではなく肩甲骨を動かすことが一番大事なことだ。

👉 ワンポイントアドバイス

》 肩甲骨を引き寄せる

ヒジだけを動かしてもトレーニング効果は得られない。動かしたほうの肩甲骨をしっかりと反対の肩甲骨に引き寄せるようにしよう。

トレーニング

正座ツイストを
可動域を限定して行う

Menu 002 正座ツイスト（ヒジをついて）

やり方

1. 正座をしてヒジを地面につき、片手を頭の後ろに置く
2. ヒジで弧を描くようにして広げる
3. 反対の手も同じように行う

👆 ワンポイントアドバイス

>> **呼吸を止めずに行う**

ストレッチ系のトレーニングに共通することだが、動かしている間は必ず深い呼吸をし続けること。呼吸を止めて力を入れるのはNGだ。

⚠️ 選手のポイント

正座ツイストと同じ

ヒジは肩の真下に置く。動かしたときにおしりがかかとから離れない。体幹を引き締めつつ呼吸を止めずに行う。ポイントは正座ツイストと同じだ。

📢 コーチのポイント

可動域は小さくてOK

通常の正座ツイストよりも可動域は小さくなる。ムリをして腰から動いていないかチェックしてあげよう。

トレーニング

上半身を安定させて
胸椎の可動性を確保

Menu 003 うつ伏せ上半身ローリング

やり方

1. うつ伏せになり、片手を頭の上に伸ばし、片手を頭の後ろに置く
2. ヒジで弧を描くように動かす
3. 反対の手も同じように行う

❓ なぜ必要？

≫ 胸椎と肩甲骨の機能性を向上させる

筋力トレーニングを行うと筋肉が関節周辺にもつくため可動域が狭くなりがちだ。特に肩甲骨の動きは送球に影響するために意識的に行うようにしよう。

❗ 選手のポイント

顔の下にタオルなどを敷く

体育館の床やグラウンドに顔をつけるので、気になるならタオルなどを敷いて行う。頭の上に伸ばした手はヒジを伸ばして耳に近づけるようにしよう。

📢 コーチのポイント

さらに可動域が小さくなる

胸が地面についているので、正座ツイストでヒジをついて行うときよりも可動域が小さくなる。胸が地面から離れない範囲で動かすようにしよう。

トレーニング

脊柱の回旋可動域の改善・確保

Menu 004 うつ伏せ下半身ローリング

やり方

1. うつ伏せになり、両手を頭の上に伸ばす
2. 片足を持ち上げて反対方向へななめに動かす
3. 反対の足も同じように行う

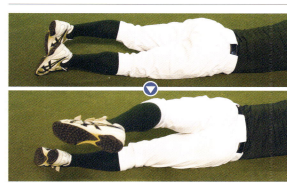

 なぜ必要?

» **脊柱全体で回旋を行うことを覚えて腰の負荷を減らす**

腰をひねると教えられるが、回旋を腰で行うとケガのリスクが高くなる。脊柱全体で回旋を行うことで肩・腰の負担を減らし、無理なくスイング、スローイングが行える。

 選手のポイント

腹筋の内側を締める

足を反対へ倒すと、不安定な体勢になり体がそちらへ回りそうになる。腹筋の内側を締めてそれをこらえる。

 コーチのポイント

みぞおちから下を動かす

胸は地面につけたまま動かせる範囲で行う。床から離れるのはみぞおちから下の部分だけだ。特に上げたほうの手が浮きやすいので注意しよう。

トレーニング

背筋、太ももの筋力強化
足関節の可動性改善・確保

ねらい

Menu 005 オーバーヘッドフルスクワット

やり方

1. 両足を肩幅と同じに開いて、両手を頭の上に上げる
2. ヒザを曲げて腰を落とす
3. 最終的にはかかととおしりがくっつくまでしゃがみこむ
4. これを繰り返す

 ここに注意！

≫ ヒザがつま先よりも出ない

前傾姿勢になり、ヒザがつま先より前に出ると、ヒザに負担がかかり故障の原因となる。上半身は垂直を保って、おしりから下げるようにしよう。

 選手のポイント

空を見上げるつもりで

ヒザを曲げるにつれて顔が下がってしまうのはNGだ。下を向くと自然に背中が曲がってしまう。少し空を見上げるつもりで行うくらいがいい。

 コーチのポイント

現在っ子の弱点を補う

現代っ子はすねの筋力が弱く、足首が固いために、地面にしゃがみ込む姿勢が苦手だ。この弱点を補うのに最適な練習だ。

トレーニング

四股を踏むような姿勢で軽い負荷をかけて背筋強化

Menu 006 スモウ・デッドリフト

やり方

1. ベンチプレス用のバーを用意。重量は能力に応じて60〜100kg程度
2. 肩幅よりもやや広めに足を広げ、股関節の前で持つ
3. ヒザを曲げて腰を落としてから、戻る
4. これを繰り返す

❌ ここに注意！

≫ 足の幅が狭くならない

足の幅をやや広めにして、四股を踏むようなフォームを意識しよう。これが狭いと腰に負担がかかりすぎて、腰痛の原因になる可能性がある。

❗ 選手のポイント

バーがすねを滑るように移動

負荷を感じながら下げることが大切。そのためにはバーがすねの前面を滑るように、真っすぐに下げていくようにする。

📢 コーチのポイント

おじぎしないかチェック

横から見て、背中が曲がっておじぎするような姿勢になっていないかチェックしてあげよう。背中を伸ばして胸を張るような姿勢がベストだ。

トレーニング

股関節と脊柱の連動性向上で回旋能力向上

Menu 007 四股ツイスト

やり方

1. 両足を肩幅よりも広げて立ち、太ももが地面と水平になるくらいまで腰を落とす
2. 前傾姿勢になって、両手をヒザの内側につく
3. 片手で半円を描くように動かす
4. 両腕が一直線になるところでキープしてから戻す
5. 反対の腕も同じように繰り返す

❌ ここに注意!

≫ 腰をひねると腰痛の原因に

腕を動かすときに腹部に力を入れて締めておく。腰からねじってしまうと腰痛の原因になるために、骨盤は前を向いたままをキープすること。

⚠️ 選手のポイント

胸を開くように動く

体をひねるとき腹部を締めて胸を開くような意識で行う。このとき動かすほうと反対のヒザが内側に入りやすいので地面についているほうのヒジでブロックしよう。

📢 コーチのポイント

両腕が垂直になる

腕を上げ切ったとき両腕が一直線になっているかどうかをアドバイスしてあげる。さらに地面から垂直になっているか確認しよう。呼吸は止めない。

トレーニング

脊柱、肩甲骨、股関節の連動性向上

Menu 008 ワニ歩き

やり方

1. 四つん這いになって左手、右足を大きく前に出す
2. 右足を右手より前に踏み出す
3. 体を前に運びながら右手を前に伸ばす
4. 反対も同じように繰り返す

選手のポイント
足を手よりも前に出す

移動時は足を先に動かす。このとき手よりも前に足を出すこと。太もも裏や股関節のストレッチになる。

コーチのポイント
低い姿勢を保つ

手足を動かすときに体や腰が高く浮き上がらないように見てあげよう。できるだけ低い姿勢を保つことでトレーニング効果を上げることができる。

ワンポイントアドバイス
ヒザよりも体を低く

手を伸ばすときに肩甲骨の引き伸ばしを意識しながらできるだけ遠くまで伸ばすこと。移動時に少し体が高くなるのは仕方がないが、手を伸ばすときには体がヒザよりも低くなるまで沈み込むようにしよう。

トレーニング

股関節、脊柱、肩甲骨の連動性向上

Menu 009　3Dツイストランジ

やり方

1. 真っすぐに立つ
2. 片足を大きく前に踏み出して前傾し、出したほうのヒジをくるぶしにつける
3. 胸を開いて、その手を上に伸ばす
4. 手を戻して前足のヒザを伸ばす
5. 反対の足も同じように繰り返す

 選手のポイント

前のヒザを開かない

踏み出した前足のヒザが開きやすいので注意すること。つま先が真っすぐに前を向いていることを確認してから腕を上に伸ばそう。

 コーチのポイント

両手が地面と垂直に

両手は地面と垂直になるように伸ばす。本人では確認しづらいので、アドバイスしてあげよう。

❓ なぜ必要？

≫ 肩甲骨と太もも裏のストレッチ

腕を上に上げるときに肩甲骨同士をグッと寄せようにする。こうすると胸を大きく開くことができる。また足を戻すときに前足の太もも裏を伸ばすようにしよう。

トレーニング

不安定な体勢で手足を動かし体幹とバランス感覚を養う

Menu 010 体幹（プローンアーチ）

やり方

1. 両手を肩幅、両ヒザを腰幅に開いて四つん這いになる
2. 対角線の手と足を浮かせてゆっくりと前後に伸ばす
3. 指先からかかとまで地面と水平で一直線になる位置でキープ
4. 戻しながら背中を丸めてヒジとヒザを近づける
5. 反対も同じように繰り返す

ポイント①
低すぎ、上げすぎに注意

手と足は地面と水平になるところまで上げる。またこのとき指先からかかとまで一直線になるようにしよう。低いのはもちろん、腰が反るくらいまで上げてもいけない。

ポイント②
体を安定させて動かす

手足を動かしても肩と腰の位置は四つん這いのときと変わらない。腰の重心が地面についているほうの足へ逃げてしまったり、肩がななめになるのはNGだ。

トレーニング

体幹安定強化
7種類連続トレーニング

ねらい

Menu 011 体幹（70秒スタビライゼーション）

やり方

1. 両ヒジを肩幅、両足を腰幅に広げて、ヒジとつま先を支点にうつ伏せになる
2. 7種のスタビライゼーションを10秒ずつ連続して行う

🏀 ポイント①

頭からかかとが一直線

すべてのトレーニングで共通しているのは頭からかかとまでは一直線をキープすること。特に腰が浮いて「く」の字になったり、肩や腰の重心が上げたほうと反対に乗ったりしやすいので注意しよう。常に両肩と骨盤は地面と平行に。

🏀 ポイント②

呼吸を止めない

70秒間連続して行うために、途中で苦しくなると呼吸を止めてしまいがちだ。呼吸は最初から最後まで深く一定に行うことを意識しよう。

トレーニング

ねらい **上半身・下半身の体側の安定性向上**

Menu 012 体幹（スタビライゼーション・インサイド）

やり方

1. ヒジを肩の下に置き、横向きで両足を伸ばし、下の足の外側で支える
2. 上の足のヒザが直角になるまで曲げて前後に動かす
3. ゆっくりと戻す
4. 反対も同じように行う

ポイント①
肩のラインは一直線

地面につくほうのヒジから上のヒジまで、肩のラインが一直線になるようにする。またこのときの肩のラインは体と直角になる。このため肩のラインは地面とは垂直ではなく、ややななめになるのが理想だ。

ポイント②
腰が曲がらないように

ヒザを曲げるときに腰が後ろへ逃げやすい。また腰が下に落ちてしまうのもよくない。頭から下の足までは棒のようにキープしたまま動かそう。

> トレーニング

上半身の体側と内転筋による安定性向上

ねらい

Menu 013 体幹（スタビライゼーション・アウトサイド）

やり方

1. ヒジを肩の下に置き、横向きで両足を伸ばし、上の足の内側で支える
2. 下の足のヒザが直角になるまで曲げて前後に動かす
3. ゆっくりと戻す
4. 反対も同じように繰り返す

🏀 ポイント①
支える足首の強化にも

支点になるほうの足首を内側へ傾けると足の裏を地面につけることもできる。しかし足首の強化のために足の内側だけで支えるようにしてみよう。

🏀 ポイント②
横腹と内転筋を連動させて使う

下側の横腹の筋力と支点になる足の内転筋を連動させて姿勢をキープする。ヒザを曲げるときに重心が動くために姿勢が崩れやすい。不安定さを利用した体幹のトレーニングになる。

トレーニング

腹筋、背筋、股関節周辺を総合的にトレーニングする

Menu 014 体幹（スパイン・エルボー・ヒール）

やり方

1. 仰向けになり、両ヒジを肩の下につく
2. ヒジとかかとを支点にしておへそをのぞき込む
3. ヒザを伸ばしたまま片足を上げてキープする
4. 反対の足も同じように繰り返す

ポイント①
おへそをのぞき込む

スタートの姿勢でおへそをのぞき込む。こうすると腹筋と背筋を締められる。ただしその分背中が丸まり、腰が落ちやすくなる。おしりをしっかりと持ち上げて行おう。

ポイント②
つま先は上を向けたまま

足を上げたときにつま先とヒザが外を向かないように注意しよう。股関節やヒザにも意識を向けて、つま先とヒザは上を向いたままキープすること。

トレーニング

背筋力アップと同時に
肩甲骨の可動域を広げる

Menu **015** 背筋（平泳ぎ）

やり方

1. うつ伏せになり、両手は頭の上に真っすぐに伸ばす
2. 上半身を軽く浮かせる
3. 平泳ぎの要領で両手をかく

🏀 ポイント①
上半身を上げすぎない

上半身を浮かせるのはほんの少しでいい。特にあごを上げたような格好にならないこと。また両腕をワキの下にまでかいたときに上体が上がりやすいので注意しよう。

🏀 ポイント②
肩甲骨を動かす

背筋力アップがトレーニングの第一目的だが、同時に肩甲骨の可動域を広げることも意識しよう。両腕が頭の上にあるときは肩甲骨から上に動かし、両腕を広げるときは肩甲骨も広げるようにしよう。

トレーニング

PNFで腸腰筋（股関節前面）、腹斜筋の強化

ねらい

Menu 016 腹筋（腹斜筋）

やり方

1. 仰向けになり、片ヒザを立てて反対の腕を頭の上に伸ばす
2. 指の先が高く遠くを通るようにななめに上げる
3. 指先を立てた足の外側まで動かす
4. ゆっくりと戻す

ポイント①
手のひらの向きに注意

手が頭の上にあるときは手のひらは内側を向けておく。腕を動かすにつれて徐々に手のひらを返していく。最後はヒザとヒジがつくところまで動かそう。

ポイント②
手を見続ける

目線は動かす手の指先を見続ける。目で誘導するように肩、胸、わき腹の順番に浮かせていく。またこのときヒザが開いていないか、目で見てチェックしよう。

トレーニング

肩甲骨と背骨の可動域を広げる

Menu 017 キャット＆ドッグ

やり方
1. 四つん這いになる
2. 背中を丸めるキャットのポーズでキープする
3. 背中を反るドッグのポーズでキープする
4. これを交互に繰り返す

キャットのポーズ

ドッグのポーズ

⚠ 選手のポイント
キャットでは へそを見る

へそをのぞき込むようにすると自然に背中を丸めることができる。そこからさらに両手で地面を押すようにして肩甲骨を開くようにする。背中の頂点ができるだけ高くなるようにしよう。

⚠ 選手のポイント
ドッグでは 骨盤を倒す

骨盤を倒すような意識を持つと背中を自然に反らせることができる。このときみぞおち辺りが地面に一番近くなるようにする。さらに肩甲骨をグッと引き寄せよう。腹部の力を完全に抜いてはダメ。

📢 コーチのポイント
顔を主導で 動かす

背中を丸める、反らすのではなく、目線を下げる、上げるという意識で行うとスムーズにできる。つまり顔の動きを主導でそれに体がついていくというイメージで行わせる。

トレーニング

股関節を曲げる筋群の機能改善及び強化

Menu 018 マットトレーニング(中間位)

やり方

1. 仰向けになる
2. 手のひらを下にして体の横に自然に置く
3. つま先を真上に向けたまま片足を上げ下げする
4. 反対の足も同じように繰り返す

❌ ここに注意!

» 腰で反動をつけない

起きやすいミスは足を上げるときに腰を浮かせて、それを戻すときの反動を使ってしまうこと。これを防ぐには腰は地面に密着させたまま、ゆっくりと足を持ち上げるようにしよう。

❗ 選手のポイント

つま先は真上のまま動かす

つま先が真上を向いている状態が中間位だ。この形のまま足を上げ下げすると、股関節の真ん中にきかせることができる。内旋位、外旋位との違いに注意しよう。

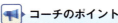

📢 コーチのポイント

足を上げる角度は30度程度

このトレーニングは足を高く上げるのが目的ではない。股関節主導で足を持ち上げていれば、そのときの角度は20〜30度くらいまででOKだ。

トレーニング

股関節を曲げる筋群の機能改善及び強化

Menu 019 マットトレーニング（内旋位）

やり方

1. 仰向けになる
2. 手のひらを下にして体の横に自然に置く
3. 太ももを内側に傾けて、その足を上げ下げする
4. 反対の足も同じように繰り返す

❌ ここに注意！

≫ つま先は少しだけ傾ければいい

つま先を目一杯傾けてしまうと股関節の可動域がほとんどなくなってしまう。この状態で足を上げると腰が浮きやすい。これを防ぐために少しだけ傾ければいい。

❗ 選手のポイント

太ももを内側に傾ける

太ももを内側に傾けると股関節がねじれる。これが内旋位だ。この状態で足を上げ下げすると股関節の前面外側にきかせることができる。

📢 コーチのポイント

ヒザは伸ばしたまま

股関節を内旋させるとヒザが曲がりやすい。ヒザをロックさせるように突っ張って、1本の棒のような形のまま動かしているかをチェックしよう。足首も90度に。

トレーニング

股関節を曲げる筋群の機能改善及び強化

ねらい

Menu 020 マットトレーニング（外旋位）

やり方

1. 仰向けになる
2. 手のひらを下にして体の横に自然に置く
3. 太ももを外側に傾けて、その足を上げ下げする
4. 反対の足も同じように繰り返す

❌ ここに注意！

≫ 反対のつま先は上

動かすほうのつま先を外へ向けると、反対の足も脱力して外を向きやすい。反対の足も意識を抜かずにつま先は真っすぐ上を向けておこう。

⚠ 選手のポイント

太ももを外側に傾ける

太ももを外側に傾けて股関節が開くような形にする。これが外旋位だ。この状態で足を上げ下げすると股関節の前面内側の筋肉にきかせることができる。

📢 コーチのポイント

つま先の角度は20度程度

股関節が柔らかい人ならつま先が真横を向くくらいまで外旋できてしまう。これは柔軟性を高めるトレーニングではないのでつま先の角度は15〜20度くらいでキープして行わせる。

トレーニング

おしりから太ももの裏周りの筋力を鍛える

Menu 021　うつ伏せマットトレーニング（中間位）

やり方

1. うつ伏せになり、両手をあごの下に置く
2. 両足を骨盤幅に開き、つま先を地面につける
3. かかとは地面と垂直になるように構える
4. 片足を上げ下げする
5. 反対の足も同じように繰り返す

選手のポイント
反対の足のかかとを伸ばす

足の上げ下げをするときに腰が動きやすい。これを防ぐために反対の足のかかとを下へ突っ張るようにして腰を固定させよう。

コーチのポイント
足を上げすぎない

足を上げすぎると、上げたほうの腰が浮きやすい。おしりと太もも裏が引き締まるような使い方ができていればトレーニングの効果はあるので、足の上げすぎには注意しよう。

なぜミス?

≫ つま先が外に開きやすい

股関節の構造上、足を上げたときにつま先が外に開きやすい。中間位と外旋位の違いをはっきりさせるために、足の向きは真っすぐに固定して行うこと。

トレーニング

おしりから太ももの裏周りの筋肉を鍛える

Menu 022 うつ伏せマットトレーニング（内旋位）

やり方

1. うつ伏せになり、両手をあごの下に置く
2. 両足を軽く開き、つま先を地面につける
3. 片方の足のかかとを外側へ少しだけ傾ける
4. 傾けたほうの足を上げ下げする
5. 反対の足も同じように繰り返す

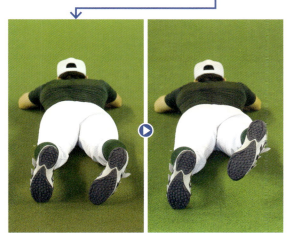

⚠ 選手のポイント

かかとを倒しすぎない

股関節や足首の柔軟性があるとかかとを倒しすぎてしまうことがある。仰向けの場合と同様に、倒す角度は15〜20度くらいまでにしよう。

📢 コーチのポイント

おしりと太もも裏の内側を意識させる

正確な姿勢で、的確に動けているとおしりと太ももの少し内側にきいてくる。それ以外の部位の筋肉が張るなど、ムダに使っていないことを確認させながら行うこと。

トレーニング

おしりから太ももの裏周りの筋肉を鍛える

Menu 023 うつ伏せマットトレーニング（外旋位）

やり方

1. うつ伏せになり、両手をあごの下に置く
2. 両足を開き、つま先を地面につける
3. 片方の足のかかとを内側に少しだけ傾ける
4. 傾けたほうの足を上げ下げする
5. 反対の足も同じように繰り返す

 選手のポイント

傾けた角度は一定のまま

同姿勢の内旋位と同じように足を傾けすぎるのはNGだ。また外旋位の場合、足を上げ下げをしている間に角度が変わってしまいやすい。一定の角度を保てるように意識しよう。

 コーチのポイント

股関節の外側にきかせる

しっかりとした姿勢で、的確に動かせていると股関節の外側の部位にきいてくる。足をあまり高く上げなくてもいいが、姿勢と足の角度を注意して上げること。

トレーニング

足を左右に動かしながらプッシュアップをする

ねらい

Menu 024 プッシュアップ①

やり方

1. 両手が肩の真下になるように置く
2. 両足を伸ばして腕立て伏せの体勢になる
3. 片足を10cm程度浮かせて、ヒジを曲げながら
4. 足を開き、ヒジを伸ばしながら足を閉じる腕立て伏せをする
5. 浮かせる足を替えて、同じように行う

ポイント①
大胸筋と腹筋を同時に鍛える

通常のプッシュアップでは主に大胸筋を使う。このトレーニングのように片足を浮かせると不安定になるために腹筋でバランスをとる必要がある。大胸筋と腹筋を同時にトレーニングできる。

ポイント②
体は一直線をキープ

背中が反ったり、おしりが上がったりしないこと。また浮かせた足がガニ股になってはいけない。頭からかかとまで可能な限り一直線をキープしよう。

トレーニング
重心を変化させて バランスを崩す腕立て

Menu 025 プッシュアップ②

やり方

1. 両手が肩の真下になるように置く
2. 両足を伸ばして腕立て伏せの体勢になる
3. 片足を10cm程度浮かせて、そのヒザを曲げながら腕立てを行う
4. 浮かせる足を替えて、同じように行う

ポイント①
曲げたヒザが腕につく

腕を一番深く曲げたときに、ヒザが腕につくところまで持っていくのが理想だ。ヒザを曲げれば曲げるほどバランスが崩れるのでトレーニング効果は上がる。

ポイント②
肩甲骨も使える

大胸筋のトレーニングにはベンチプレスなどもある。しかしベンチプレスは背中側を固定してしまっているので、肩甲骨は使いにくい。このプッシュアップでは肩甲骨も使えるのが特長だ。

トレーニング

筋トレだけではなく エクササイズ的な要素も追加

Menu **026** プッシュアップ③

やり方

1. 両手が肩の真下になるように置く
2. 両足を伸ばして腕立て伏せの体勢になる
3. 体をひねってヒザを反対方向へ曲げながら腕立てをする
4. 浮かせる足を替えて、同じように行う

ポイント①
負荷と可動域は大きい
プッシュアップの中でもレベルは最高クラス。体をひねりつつ姿勢を保つことで負荷は大きい。また足を浮かせる側の肩甲骨の可動域も広く使う。

ポイント②
ひねる、曲げるという要素も
体をひねりつつ股関節やヒザを曲げることになる。腕立ての筋力トレーニング的な要素と、エクササイズ的な要素をミックスしたプッシュアップである。

トレーニング

下半身を安定させながら上半身を上手にひねる

Menu **027** フロントランジ・ツイスト・チョッピング

やり方

1. 3〜5kg程度のメディシンボールを用意する
2. ボールを肩の上で両手で持ち、両足でバランスよく立つ
3. フロントランジの要領で前方に1歩踏み出しながらボールをななめに振り下ろす
4. 踏み出したほうの足の太ももの横まで振り下ろして止める
5. 反対も同じように繰り返す

ポイント①

最初はボールを持たずに

ボールを持って負荷をかけるとバランスが崩れてしまうようなら、まずは何も持たず両手を組んだ状態でやってみよう。負荷はなくても腹筋を締めることは忘れずに。

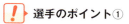 **選手のポイント①**

踏み出した足のヒザを締める

フロントランジで踏み出した足のヒザが外に開きやすいので注意しよう。内転筋を締めてつま先は真っすぐ前に向けること。

選手のポイント②

ななめの動きでバランスを取る

ボールをななめに動かしつつ腹筋を使って頭から後ろ足のヒザまでは一直線を保つ。あえてバランスを取りにくい動きをして、それを支えることで効果を上げるのが目的だ。

 ポイント②

ツイストして肩を入れる

ボールを振り下ろしたときに、前足の真上くらいまで肩を入れる。またこのときに後ろ足のかかとを立てて、足を十分に返すようにする。

トレーニング

バッティングに近い動作の体幹トレーニング

Menu 028 サイドランジ・ツイスト・チョッピング

やり方

1. 3～5kg程度のメディシンボールを用意する
2. ボールを肩の上で両手で持ち、両足でバランスよく立つ
3. ボールを構えたほうとは反対の足のヒザを上げてから横へ出す
4. ボールをななめに振り下ろして腹筋をねじって止める
5. 反対も同じように繰り返す

踏み出した足は締める

横へ踏み出した足のヒザは内側へ締める。つま先が外を向いたり、ヒザ頭が横を向いたりすると、体重とボールの重みを止め切れずに流れてしまう。

 ## 軸足の指を曲げて地面に回し込む

片足で立つほうの足は、指で地面をつかみ力強くヒザを内側にひねり腰を入れる。このときヒザをしっかりと曲げて、腔を深く入れる。

ポイント③ 上半身は真っすぐ、腹筋をねじる

ボールをななめに振り下ろしたときに上体がバランスを崩しやすいので注意しよう。頭から尾てい骨までは垂直を保ち、両足の真ん中に重心を残す。

ポイント④ おへその向きは正面を保つ

ボールを回し込んだとき、肩は入れるが、軸足の股関節から骨盤と上半身を一緒にひねる。顔も正面を向いたままにしよう。

トレーニング

下半身を安定させながら上半身を上手にひねる

ねらい

Menu **029** バックランジ・ツイスト・チョッピング

やり方

1. 3〜5kg 程度のメディシンボールを用意する
2. ボールを肩の上で両手で持ち、両足でバランスよく立つ
3. ボールを構えたほうとは反対のヒザを上げ、バックランジの要領で後ろへ下がりながらボールをななめに振り下ろす
4. 下げた足の太ももの横まで振り下ろして止める
5. 反対も同じように繰り返す

足を振り上げた勢いで後ろへ

最初に前にヒザを振り上げる。この勢いを利用して足を後方へ下げるとスムーズだ。ただしバランスは崩しやすいので、体幹でしっかりとバランスをとろう。

後ろ足のヒザを締める

視界がない後方へ足を伸ばすために、フロントランジの場合よりもバランスを崩しやすい。特に上体が横に倒れやすいので、内転筋を締めてしっかりと重心を支えること。

ポイント③

指で地面をつかむ

足の指で地面をつかみ内転筋とおしりを締め、正中線を垂直に保つ。

横方向の慣性は腹筋を締める

ボールをななめに動かすので横方向に強い慣性が働く。上体をねじるときに腹筋を締めてボールの勢いを止める。難しければ最初はボールを持たなくてもOKだ。

トレーニング

股関節を動かして内転筋を強化する

Menu 030 内転筋（1人）

やり方
1. 横向きで地面に寝る
2. 下の手は頭の下、上の手は胸の前に置く
3. 上の足のヒザを深く曲げて、下の足の太ももの前に置く
4. 下の足を垂直に上げ下げする
5. 姿勢を反対にして逆の足も同じように繰り返す

❌ ここに注意!

》 **体が倒れないように支える**

足を上下させるときに体がふらついたり倒れたりしやすい。上の手と足で支えて、上体と骨盤が倒れるのを防ぐ。

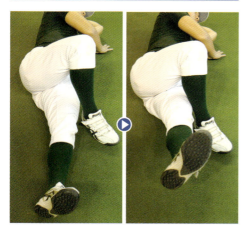

⚠️ 選手のポイント

下の足の内転筋を強化する

きかせる部位は下の足の内ももにある内転筋。足は体勢を崩すほど大きく動かさなくてもいいので、内ももにしっかりきいているかどうかを確認しながら行うこと。

📢 コーチのポイント

つま先を天井に向ける

足を動かすときにつま先を天井に向ける。こうすると内ももが締まるのでより効果的に内転筋にきかせることができる。その分骨盤が後ろへ倒れやすいので注意させよう。

トレーニング

両足の内転筋を
同時にトレーニングする

Menu 031 内転筋（パートナーあり）

やり方

1. パートナーは片ヒザをついて安定して構える
2. 1人で行うときと同じように横になり、パートナーの太ももを足首で挟む
3. 両足を離さずに、頭から足まで一直線になるまで腰を浮かせる
4. 姿勢を反対にして同じように繰り返す

❓ なぜ必要？

≫ 道具を使わなくてもできる

専門の器具を使えば効率よく練習できるのは当たり前だ。この練習の利点は、ポイントさえ押さえればそのような器具を使わなくても効率いい練習ができることだ。

⚠ 選手のポイント

両足の内転筋を同時に鍛える

1人で行うものは、片足ずつ交互にトレーニングするが、パートナーがいれば両足を同時に鍛えることができる。ただし難易度はやや高めなので、最初からムリをしないで徐々にレベルアップさせていこう。

📢 コーチのポイント

横腹を締めて姿勢を安定させる

腰を浮かせたときに体が前後に倒れやすい。これを防ぐのが腹筋だ。特に下側の横腹を強く締めて姿勢を安定させよう。内転筋と同時に腹筋も同時に鍛えられる。

トレーニング

おしりの横にある中殿筋を鍛える

Menu 032 中殿筋

やり方

1. 横向きで地面に寝る
2. 下の手は頭の下、上の手は胸の前に置く
3. 下の足のヒザを軽く曲げて安定させる
4. 上の足をななめ後方へ持ち上げる
5. 姿勢を反対にして逆の足も同じように繰り返す

❓ なぜ必要？

》 骨盤のゆがみを直す

中殿筋が弱いと片足重心で立ったときに骨盤がななめになって腰が落ちたようになる。骨盤がゆがんで腰痛の原因にもなるため、中殿筋はトレーニングしておきたい。

❗ 選手のポイント

かかとを天井に向ける

内転筋ではつま先を天井に向けたが、こちらは反対にかかとを天井に向ける。足を上げたときにおしりを締めるように使える。

📢 コーチのポイント

正確な部位にきかせる

立っておしりを締めたときにくぼみができる部分が中殿筋だ。ここにしっかりときかせるのがやや難しいトレーニングなので、姿勢や動作を正確に行えているかをチェックしよう。

トレーニング

簡単に作れる器具で
リストを強化する

Menu 033 リストロール

やり方

1. 塩ビ管に紐を結び、先端に重りをつけたものを準備する
2. 塩ビ管を肩の高さで両手で持って、手首の動きで紐を巻き上げる
3. 順手と逆手を行う

ポイント①
塩ビ管の太さ、重りの重量で調整

塩ビ管は太いほど握力が必要になるのでトレーニング効果は上がる。またもちろん重量を重くすれば、それだけ握力、手首、腕力が必要になる。

ポイント②
順手と逆手の違い

順手と逆手では使う部位が違う。順手なら前腕の外側の筋肉、逆手なら前腕の内側の筋肉を集中的に鍛えられる。握力やリストについては、ほぼ同じように使う。

トレーニング

片手で新聞紙をボールにする握力強化トレーニング

Menu 034 新聞紙丸め

やり方

1. 新聞紙を1枚用意して床に広げる
2. 新聞紙の真ん中に片手を置く
3. できるだけ床から手を離さずに五指を使って丸めていく
4. ある程度までできたら手を床から浮かせてボールになるまで丸める

ポイント①
親指の側をうまく丸める

五指をまんべんなく使わないとうまく丸くならない。特に親指の側は他の指でサポートしながらつぶしていこう。ある程度まで丸まったら手を床から離して仕上げをしよう。手のひらサイズまで丸める。

ポイント②
ティーバッティングなどに利用

できた新聞紙のボールはティーバッティングに利用できる。「ティーバッティング（上から）」は新聞紙ボールを使うのに最適な練習だ。また室内で使っても問題ない。

トレーニング

体幹、下半身、握力などの
サーキットトレーニング

ねらい

Menu **035** 専大八種

やり方

1. 逆手スイング
2. グー・パー
3. ロングスタンス早振り
4. 腕立て伏せ
5. 指立て伏せ
6. スクワット
7. ヒンズースクワット
8. ランジ

1 逆手スイング

1セット20回。バットを逆手で握りスイングする。手首をこねる動きを矯正することがねらい

2 グー・パー

1セット50回。両手を前に突き出し、手を開いて閉じる動きを繰り返す。握力を強化する

3 ロングスタンス早振り

1セット50回。通常よりも広くスタンスを取り、素早い素振りを繰り返す。下半身を使って体重移動の動きを覚える

 ポイント

バットを振る力を底上げ

体幹、下半身強化、握力など、「バットを振る力」に特化したメニューを集めた。サーキットトレーニングの形式で、連続して行う。

4 腕立て伏せ

1セット20回。肩幅よりも拳2～3個分手を開いて腕立て伏せをする。大胸筋、上腕三頭筋の強化につながる

5 指立て伏せ

1セット20回。五本指を立てた状態で、肩幅よりもやや広く置いて腕立て伏せをする。握力の強化につながる

6 スクワット

1セット5秒×10回。頭の上でバットを両手で持ち、肩幅よりもやや広い足幅で立つ。そこから背中を伸ばしたまま腰を落とし5秒間静止する。大殿筋、大腿四頭筋、ハムストリングスを鍛える

ポイント

上級生ほど声を出す

この練習は全員でやり切ったという達成感を味わうことも大切なテーマだ。このため「○○（練習名）お願いします！」の掛け声で開始。「イチ、ニ、サン…」とカウントしながら行う。上級生ほど大きな声を出すこと。

7 ヒンズースクワット

1セット50回。「イチ」で右足を外側にステップ、「ニ」で左足外側へステップ、「サン」で両足をそろえて腰を落とす。大殿筋、大腿四頭筋、ハムストリングスを鍛える

8 ランジ

1セット50回。両手を頭の後ろで組み、真っすぐ立つ。ヒザが90度になるように片方の足を踏み出し、しっかり腰を落とす。左右25回ずつやること。大殿筋、大腿四頭筋、ハムストリングスを鍛える

🏀 ポイント

3〜5セット連続して行う

連続で1セットにかかる時間は約10分。5セットなら50分ほどかかる。どれもきついトレーニングで、終われば体力の消耗は激しい。その分だけ自信に変わり、選手同士の連帯感にもつながる。

第2章
トップを作る

トレーニングに続いて紹介するのはトップの作り方。
これがバッティングの最初のステップとなる。

トップを作る

バットの重みを感じながら軸足に重心を乗せる

難易度 ★★★☆☆

≫ 主にねらう能力と効果
① トップのイメージを作り込む
② 軸足に"乗る"を体感する

Menu **036** バット回し

やり方
1. バットを用意する
2. 両足を軽く開いて立つ
3. 両手で持ったバットを前回しで回転させる
4. 下から振り上げるタイミングで後ろ足に重心を乗せて1本足で構える
5. その姿勢を数秒間キープする

🏐 ポイント①
バットを2〜3回転させる

頭の上から前回しで2〜3回転させる。その間に徐々に後ろ足に重心をかけていく。最後にバットを引いたときに完全に軸足に重心を乗せてトップを作る。このときの意識は軸足全体ではなく、内側に重心をかけていく。

🏐 ポイント②
トップで2〜3秒間キープ

バットを下から回してきたタイミングで前足を上げて、軸足1本で立つ。バットをトップの位置で構えたらそのまま2〜3秒間キープ。このときにふらついたり、バットを下げたりしないこと。

軸足に重心を乗せられない

ポイント③ 体を大きく使う

バットを回すときに腕が縮こまらないように注意しよう。バットの先端で大きな円を描くようにして、体全体を大きくゆったりと使うようにする。

バットを構えたときに軸足に重心を乗せられない選手が多い。これがボールを長く待つことができない原因になる。バットを回すことでその重みを感じながら自然に後ろ足に重心を乗せていける。

ポイント④ その流れのままスイングしてみる

軸足に重心を乗せてトップを作れるようになったらそのままスイングまでしてみよう。
（最初はバランスを考え、軽打する感じで振る）

トップを作る

ミートポイントから最短距離で
バットを引いてトップを作る

難易度 ★★★☆☆

» 主にねらう能力と効果
① トップのイメージを作り込む
② 軸足に"乗る"を体感する

Menu 037 バスターからトップを作る

やり方
1. バットを用意する
2. ミートポイントでバントの構えをする
3. バットを引きながら重心を後ろ足に乗せる
4. トップの位置で構える

ポイント①
最適なミートポイントはバントの位置

バントの構えをした位置がバッティングのときの一番いいミートポイントだ。バントの構えからバットを最短距離で戻すことでスイングの軌道をイメージしたトップを作ることができる。

ポイント②
平行移動でトップの位置へ

バントの構えから胸、腰、ヒザを平行移動させてバットをトップの位置へ持っていく。捕手側の腰が浮いたり、ヒザが伸びたりしやすいので注意しよう。

ポイント③ 不調時に感覚を取り戻す

自分のイメージとスイングがずれるなど、不調に陥ったときに最適な練習法だ。自分のスイングの感覚を取り戻すことができるはずだ。

ポイント④ その流れのままスイングしてみる

バットを引いてきた軌道をそのまま戻すようにバットを振ってみる。特に高校生の場合は、バットを戻すときに上半身まで伸びてしまうので注意。

COLUMN 1 「ボールを待てない」という悩みを解決

　高校生くらいの選手がよく口にする悩みのひとつに「ボールを待てない」というのがある。この悩みの最大の原因は、「深く、長い」トップが作れていないということになる。つまり打つための準備ができていないから、ボールが来てからあわててバットを出したり、バットが出るのが遅れたりするのである。

　そんなときにはフリーバッティングで順番待ちをしている間に「待つ」練習をしてみよう。ゲージの後ろに立って、あえて普段の自分のタイミングよりも早くトップを作ってみるのだ。自分の順番ではないから、ミートすることまでは考えなくてもいい。とにかく早くトップを作ってみる。早い始動に慣れてくればそれだけ準備をする時間があるということ。結果的に「ボールを待つ」ということにつながるはずだ。

第3章
ティーバッティング

ワキが開く、下半身が使えない、かかと重心になってしまうなど、
課題を克服するために必要な
ティーバッティングの方法を30種類公開する。

ティーバッティング

一番打ちやすいコースでスイングの基本を身につける

ねらい

Menu **038** ティーバッティング（基本）

難易度 ★★★☆☆

» 主にねらう能力と効果
① バランスを保つ
② 楽な姿勢を保ち、力みを入れずにバットを振る

やり方

1. 打つ選手が打ちやすい位置を指定して、そこにトスを上げる
2. ボールを打つ

ポイント①

スイングの基本を身につける

この練習は自分が一番打ちやすいフォームで打つのが目的だ。このときバッティングの基本であるトップを作り、インサイドアウトでバットを出していくことなど、スイングの基本を身につける。はじめはトスされたボールを軽く打ち返す。（体のバランスは崩さない）

🟠 ポイント②
打ちやすいポイントで打つ

難しいコースは打てなくてもいい。自分が一番打ちやすいポイントを指定して、そこにトスを上げてもらい、インサイドアウトのスイングでしっかりとボールを叩く。そのためにトスを上げる人はできるだけ近くから投げよう。

🟠 ポイント③
トップから一直線にバットを出す

スイングのときバットが波打ったり、体がスウェーしたりしないこと。トップからミートポイントまでバットを一直線に出すことを意識する。

🟠 ポイント④
顔をボールに向ける

打ちやすいポイントだからこそしっかりとボールを見ることを習慣づけなければならない。顔をボールへ真っすぐに向けて、目線の先へバットを出していくことが大切だ。

ティーバッティング

体が前に流れるスウェーのクセを修正する

難易度 ★★★

» 主にねらう能力と効果
1. アウトサイドインのスイング矯正
2. 軸足に体重を乗せる
3. ボールの内側を見る

Menu **039** ティーバッティング（横から）

やり方
1. 打者の横からトスを上げる
2. ボールを打つ

ポイント① スウェーを修正する

スイングするときにバットと一緒に体も前に流れることをスウェーするという。これは目線がぶれたり、テークバックで軸足にためたパワーを完全にロスしてしまう弊害がある。横からトスを行うことで、スウェーを修正することができる。

ポイント② 打者とトスの位置関係

トスを上げる人は打つ方向とは直角の位置から投げる。あまり離れすぎると正確性がなくなってしまうので、距離は2m程度が最適だ。

ポイント③
払うようなスイングで

横からのトスでは体に近づいてくるボールを打つことになる。ボールをポイントでとらえて、払うようなスイングを意識しよう。

ポイント④
腕が縮こまらないように注意

ボールが近寄ってくるために、それに合わせようとして腕が縮こまったようなスイングになりやすい。腕の振りが小さくなるのではなく、体にまとわりつくような腕の使い方を意識しよう。（グリップを体の前方に少しだけ出す感じでテークバックを取る）

ティーバッティング

ななめ後ろからのトスでスウェーを完全に修正する

難易度 ★★★★

» 主にねらう能力と効果
① ボールを呼び込む
② 軸足にしっかり重心を乗せる

Menu 040 ティーバッティング（ななめ後ろから）

やり方
1. 打者のななめ後ろからトスを上げる
2. ボールを打つ

ポイント① スウェーを完全に防ぎたいとき

横からのトスでもスウェー気味に動いてしまうなら、ななめ後方からトスを上げてみよう。この方向からのトスは体が前に出てしまうと打つことができない。この練習でスウェーすることは不可能なので修正できる。

ポイント② 打者とトスの位置関係

打者の後方35度くらいの角度からトスを上げる。距離は他のパターンと同じように離れすぎると同じ位置に投げるのが難しくなるので2m程度がベストだ。最初は難しいので後方からくるボールを軽く打つ。

ポイント③ 逆からのボールを呼び込む

前からのボールをしっかりと待つことを、「ボールを呼び込む」という。この練習では後方からのボールを呼び込む。トップを作って長くボールを待つことで、ボールを追いかけるようなスイングを修正することができる。

ティーバッティング

トップを作ってから
ボールが落ちてくるのを待つ

ねらい

難易度 ★★★

≫ 主にねらう能力と効果

① 軸足に乗る時間が長くなる
② 間合いを保つ
③ 引きつける

Menu **041** ティーバッティング（上から）

やり方

1. ボールとバット、イスなど上に乗れる台を用意する
2. 台の上からふわりとしたトスを投げる
3. ボールを打つ

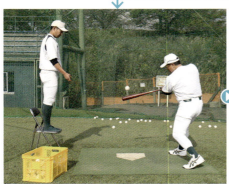

🥎 ポイント① 落ちてくるボールを待つ

ふわりと投げたトスが落ちてくるまでの間、打者はトップを作って待つ。これがバッティングのときのタメになる。我慢しきれずにバットを下げたり、ヒザが伸びたりしないように注意。

ポイント② 打者とトスの位置関係

あまり離れるとトスが山なりになる分だけボールが落ちるとき、ななめに角度がついてしまう。できるだけ真上からボールを落とせるように近づくが、バットが届かない範囲でポジショニングをとること。

ポイント③
高め、真ん中、低めを試す

高めは待つ時間は短いため、タイミングを合わせやすい。反対に低めはじっくりと待たなければならないので我慢が必要だ。打つ高さを変えて、いろいろと試してみよう。

ポイント④
変化球をイメージして

高い所から出てくるボールを、真ん中、低めと引きつけることにより、変化球打ちの間合いをつかむようにしよう。

ティーバッティング

同じ位置にトスを上げて一定のフォームで打つ

ねらい

Menu **042** ティーバッティング（近くから）

難易度 ★★★☆☆

≫ 主にねらう能力と効果
1. 同じフォームで繰り返し打てる
2. 間隔が短いので量をこなせる
3. コース別に意識できる

やり方
1. バットが当たらないように注意して近い位置からトスを上げる
2. ボールを打つ

ポイント① 同じ位置にトスを上げる

トスする距離が長いと同じ位置に上げるのが難しい。バットが当たらないギリギリの位置まで近づくことで、打者が要求するポイントへ正確に投げることができる。

ポイント① 打者との位置関係

距離は1.5m程度。実際に始める前に必ずバットを試し振りして当たらないかどうかを確認しよう。トスを上げる人は投げたら手を引くこと。

ポイント③ 同じフォームで打つ

この練習の利点は同じポイントのボールを、打者が同じフォームで打てることだ。内角なのか外角なのか、高めなのか低めなのかを指示して、練習の目的を明確にしよう。

ティーバッティング

軸足に力が入らない状態でスイングをしてみる

ねらい

難易度 ★★★★

» 主にねらう能力と効果
① 前足に重心がかかるぶんバットの軌道が大きくなる
② 前足が伸びきるとしっかり振れないことがわかる

Menu **043** 軸足をイスに乗せる

やり方

1. バットとボールとイスなどの台を用意する
2. 後ろ足を台の上に乗せて構える
3. トスを上げてもらい、それを打つ

ポイント① 普段と違う打ち方で打つ

この練習は普段とは違う姿勢で打ち、実際のバッティングとの違いを確認するのが目的だ。トスの距離やタイミングは通常のティーと同じように行う。

打者は自分が打ちやすいポイントを指定して、トスをする人はできるだけそこへ正確に上げる。

ポイント②
後ろ足を「ハの字」に開く

イスの上に乗せた足のつま先が「ハの字」になるように開く。このような姿勢でスイングをしても力が入らない。あえて違和感のある姿勢でバットを振ってみるのが目的だ。

Point!
伸びないように
意識する

ポイント④
スイング後に後ろ足を返す

スイング後に前足のヒザは開かない。後ろ足は指で台を踏みしめて、足首を立ててしっかりと返すこと。これが弱いと腰が回転しない。回転しないと捕手側のヒザに負担が生じるので注意。

ポイント③
前足が割れると振れない

スイングをするときに前足を伸ばさない。後ろ足をイスに乗せてスイングするとヒザが割れて強いスイングができない。ヒザの割れを修正するための練習でもある。手はそのままにしてヒザだけ真っすぐに伸ばしてみる。グリップの位置が前に出てしまい、振り幅が小さくなってしまうことに気づくはず。

前足が伸びる

バットを振ったときに前足のヒザが伸び切ったようにならないこと。腰も後ろに引けたような、力の入らない格好になってしまう。

ティーバッティング

前足が割れない姿勢で軸足をしっかりと返す

ねらい

Menu **044** 前足をイスに乗せる

難易度 ★★★☆☆

≫ 主にねらう能力と効果
① 腰の回転を意識できる
② ボールを内側から叩かないと力が入らないことがわかる
③ 軸足の回転が十分でないと振れないことがわかる

やり方

1. 投手側の足を台に乗せて構える
2. トスを上げてもらい、それを打つ

🏀 ポイント① 前足を台に乗せて打つ

軸足を台に乗せるティーと同じように、あえて不安定な体勢で振る。トスは自分が打ちやすいポイントへ上げてもらう。

 ポイント②

この姿勢で
前ヒザは割れない

前足を台の上に乗せているため、ヒザを割ってスイングすることはできない。逆説的になるが、ヒザを割るということが、いかに理にかなっていないスイングであることがわかる。

後ろ足が伸びたまま

後ろ足が返らずに、伸び切ったようにスイングするのはよくない。これでは腰が回転しないため力は入らない。上半身だけのスイングになり力が入らないことがわかるはず。

ポイント③ 後ろ足を回転させる

スイングした後はしっかりと後ろ足を回転させる。これがないと最後までバットを振り切ることができない。

ティーバッティング

タイミングを外された
ボールをイメージして打つ

ねらい

Menu **045** バウンド・ティー

難易度 ★★★

» 主にねらう能力と効果
① バウンド後のボールの時差を引きつける練習に役立てる
② バウンド後、ミートポイントまで引きつけることで変化球の待ちを覚える

やり方
1. 打者のななめ前からワンバウンドさせて投げる
2. そのボールを打つ

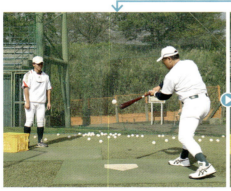

ポイント① マットでバウンドさせる

グラウンドは平面に見えても凹凸がある。そこでバウンドさせるとトスの方向が定まりにくい。そんなときはマットなどを用意して、そこでバウンドさせよう。

ポイント②
テニスボールで代用も

慣れないうちは打球の飛ぶ方向が定まらない。硬式球でやると危ないようなら、硬式テニスのボールなど、当たってもケガのないように工夫してやるといい。

 ### ポイント③
自分の間でボールを待つ

最初はボールを投げるタイミングに合わせておいて、実際はバウンドしたボールが落ちてくるまで待ってスイングする。この「間」が変化球などでタイミングを崩されたときの練習になる。

 ### ポイント④
じっかり重心を保つ

自分のミートポイントまでしっかり引きつけ写真のような低いボールにはしっかりとヒザを沈み込ませて打つ。

ティーバッティング

バウンドの高さや角度などを変化させて打つ

ねらい

Menu **046** バウンド・ティー（高・中・低）

難易度 ★★★☆☆

≫ 主にねらう能力と効果
① バウンド後のボールの時差を引きつける練習に役立てる
② バウンド後、ミートポイントまで引きつけることで変化球の待ちを覚える

やり方

1. バットとボールを用意する
2. 打者のななめ前からバウンドさせて投げる
3. そのボールを打つ
4. バウンドの高さを変化させて繰り返す

❌ ここに注意！

≫ 打者にボールを当てないように

投げ手の人はボールが真上に上がるように投げる。ボールを叩きつける際に打者方向にいかないように気をつけよう。

🔴 ポイント①
高低の変化をつける

前ページより投げる人はマットに近づき、バウンドの強弱を利用し、同一コースでも高低に変化をつける

高いバウンドへの対応

🟠 **ポイント②** 高いバウンドが落ちてくるのを待つ

ボールを強く叩きつけて高いバウンドにする。頭の高さくらいからストライクゾーンへ落ちてくるボールをタメを作って待ってから打つ。

低いバウンドへの対応

🔴 ポイント③ 低いバウンドに合わせる

やや鋭角にバウンドさせると、低めのコースをイメージしたスイングになる。高いバウンドのときよりも「間」は短いが、しっかりとヒザで調整して自分のタイミングで打つのが理想的だ。

※注意＝76、77ページの最後の写真の曲がった右足はフィニッシュでは伸びる。この写真はその前段階で、まさにヒザのパワーを利用して力強いスイングをしている途中。

ティーバッティング

バウンドから判断して対応する力を身につける

ねらい

難易度 ★★★★

» 主にねらう能力と効果
① 予測し、ミートポイントに体を反応させる
② ヒザで待ち、そのヒザのおくりを身につける

Menu **047** 後ろからのバウンド

やり方

1. 打者のななめ後ろから強いバウンドで投げる
2. バウンドが落ちてくるところを打つ

ポイント① 見えないところからくるボールを打つ

前や横からのトスは自分の視界からボールが飛んでくるため、ボールを見失うことはない。後ろからのボールは構えている自分の視界に入ってくるのを目でとらえるところから始まる。

ポイント② 対応力を身につける

バウンドしているボールを目でとらえてから、その角度、強さなどを見て判断。どういうタイミングで振るか、重心移動はどうするかなどを決めなければならない。対応力が大切になる。

ポイント③ じっくりと待つ

バウンドしているボールが落ちてくる間、じっくりと待つ。ロングスタンスで行えば低い姿勢でタメを作ることにもつながる。

ティーバッティング

下半身が使えない状態で
ボールを打ってみる

ねらい

Menu **048** バランスボール・ティー

難易度 ★★★☆☆

≫ 主にねらう能力と効果

① 軸を安定させる
② 腕の力を抜くことを覚える
③ アウトサイドインのスイングでは振れない

やり方

1. バットとボール、バランスボールを用意する
2. バランスボールに座って、トスを上げてもらう
3. バランスボールに座ったまま、そのボールを打つ

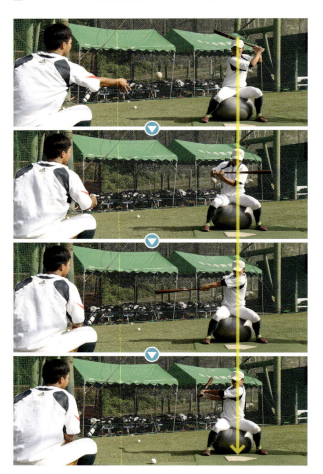

ポイント①

頭の位置を
ずらさない

バランスボールに座ると下半身の力でバランスを取ることができない。下半身のバランス頼みでスウェーしたり、後ろ足だけの力任せで腰を回転させたりできなくなる。軸を意識したスイングをするのが目的だ。安定したスイングにするためには頭の位置をずらさないこと。

🔶 ポイント②
イスでもOK

バランスボールがなければ、イスで代用しよう。イスはバランスボールよりも安定しているので、両足を浮かせた状態で行うと、バランスボールに近い感覚になる。

🔶 ポイント③
手を柔らかく使う

下半身が不安定なので、上半身の力を100%でスイングすることができない。腕、手首などを柔らかく使い、バットと一体化させるイメージでスイングしよう。

ティーバッティング

自分が打つべきポイントまで待ち
その高さを確実にミートする

ねらい

Menu **049** 天井トス

難易度 ★★★★★

» 主にねらう能力と効果

① 落下するボールのスピードを予測しながら打つため、動体視力の強化につながる
② 上体が前に出ると打てないことがわかる

やり方

1. 2～3mの高さからストライクゾーンへ落ちるトスを投げる
2. そのボールを打つ

ポイント①

軸足に重心を乗せたまま待つ

頭の上からボールが落ちてくるのを体勢を崩さずに待たなければならない。このとき上半身だけが前に流れてしまったり、下半身のタメがなくなったりしないこと。難しい練習なので、はじめはトス開始から地面への落下まで目で追いかけてみる。

テニスボールで代用する

落ちてくるボールにタイミングを合わせ決めた高さ（高中低）まで待って打つことが練習の目的なので、硬式球にこだわらなくてもいい。安全に練習を行うことを考えるならテニスボールなどで代用してみよう。

自分が打てるポイントを探す

ボールは高めから低めへと落ちてくる。すべての高さに対し、しかも自分で決めた高さを確実に打てるようにする。動体視力の強化にもつながる。

ティーバッティング

サイドステップしながら間合いをつかむ

ねらい

Menu **050** 走り込んでから打つ

難易度 ★★★★★

≫ 主にねらう能力と効果

① 落下するボールに対し、動きの中で「待ち」を作る
② 動体視力強化
③ 体の割れをしっかり作る

やり方

1. バットとボールを用意する（ボールはテニスボールでもOK）
2. 打席よりも2〜3mななめ後ろで構える
3. 天井トスの要領でボールを投げる
4. ステップして打席に入って、落ちてくるボールを打つ

ポイント① 動きの中で間合いを作る

この練習ではボールが落ちてくる間じっと待つのではなく、動きの中で間合いを作る。サイドステップの距離感と落ちてくるボールのタイミングを合わせなければならない。ボールをよく見て両者を合わせるようにしよう。82〜83ページの応用編で難易度は高い。

⚾ ポイント② サイドステップで打席に入る

ボールを見ながらサイドステップをして打席に入る。このとき目線が上下に大きく動いてしまうとボールをとらえにくくなってしまう。上下動は最低限に抑えるとうまくいきやすい。

⚾ ポイント③ 近い位置から

最初から長い距離で行うと難易度は高い。最初は打席のすぐ後ろから始めてみる。ワンステップで打席に入って打てるので、タイミングが取りやすい。

ティーバッティング

後ろの目だけで
ボールを見て打つ

ねらい

Menu **051** 片方の目をつぶって

難易度 ★☆☆☆☆

≫ 主にねらう能力と効果

① 投手側の肩を内側に入りにくくする
② ボールを最後まで見ることができる
③ 上体であおりをつけにくくする

やり方

1. バットとボールを用意する
2. 片目をつぶって構える
3. トスを上げてもらい、打つ

🔶 ポイント①

両目で
ボールを
見るために

ボールとの距離感やタイミングを合わせるためには、両目でしっかりとボールを見なければならない。片目をつぶることで、反対の目でボールを見ることを意識づける。結果的に両目でボールを見ることにつながる。

目をつぶる

🏀 ポイント②
投手側の目をつぶる

一般的には投手に近いほうの目でボールを追う選手が多い。そこであえて投手側の目をつぶって打つ。後ろの目でも見ることを習慣づけるのが目的だ。試してほしいのは、投手側の目をつぶってスイングすると、テークバックの際、投手側の肩が内側に入りづらくなるはずだ。

目をつぶる

🏀 ポイント③
後ろの目をつぶる

体の軸回転と一緒に頭も回るクセがある選手がいる。こういう選手は後ろの目がメインでボールを見ていることになる。そこで後ろの目をつぶってしまい、投手側の目で見るように修整する。こうすると顔が残るようになる。

ティーバッティング

体のパフォーマンスと頭のイメージを一致させる

Menu **052** 目をつぶってティー

難易度 ★☆☆☆☆

≫ 主にねらう能力と効果
1. スイング軌道が確認できる
2. イメージと実像をしっかり重ね、スイングのクセを直す

やり方
1. バットとボールとティー台を用意する
2. 両目をつぶってティー台に置いたボールを打つ

ポイント①

イメージ通りのスイングをする

目をつぶってティー台に置いたボールを確実にミートするためには、自分のイメージ通りの軌道でバットが出ていかなければならない。この練習ではイメージとパフォーマンスがずれていないかの確認ができる。

 ポイント②

両目をつぶる

両目をつぶるために、スイングを始める前にティー台に置いたボールの位置をよく見ておくこと。そこへ向かってイメージ通りにバットを出していければ当たるはずだ。

 ポイント③

バットが下から出やすい

できない選手に多いのが、バットが下から出てしまうパターンだ。ボールの下面を叩いてフライになったり、ティー台を叩いてしまったりすることになる。

 ポイント④

映像で自分のスイングを確認

イメージ通りのスイングができていないときは、動画で自分の姿を撮影して映像で確認するのが確実だ。後ろの肩が下がる、バットが波打つ、など原因を探そう。

ティーバッティング

通常よりも広いスタンスで内転筋を使ったスイングをする

Menu 053 ロングスタンス（高・中・低）

難易度 ★★★★☆

» 主にねらう能力と効果
① ヒザの使い方に重点を置き、上体を伸ばさないように注意する
② ヒザの使い方を覚えることで特に低めのボールに対応できるようになる（ヒザの粘り）

やり方
1. 通常よりも広いスタンス（ロングスタンス）で構える
2. さまざまな高さのトスを上げてもらう
3. ヒザを柔かく使って打つ

ポイント① 内転筋を使ってスイングする

ロングスタンスで構えると、内転筋を力強く締めておかないとスイングができない。ある程度の回数をまとめて行うと、トレーニング効果も期待できる。

🔶 ポイント②
肩幅の2.5倍のスタンス

スタンスの広さは人によってさまざまだが、おおよそ肩幅の2.5倍が目安だ。そこから腰を落としてどっしりと構えよう。かかと重心にならないように両足親指に力を入れる。

🔶 ポイント③
体の中心に呼び込む

ボールを体の中心まで呼び込んでからスイングを始める。また前のヒザが開いてしまうと低い重心を保てずにスイングも弱いものになってしまう。前のヒザはしっかりと入れた状態を保つこと。また、両足の親指への意識は変えない。

🔶 ポイント④
高さを変える

トスの高さを高め・真ん中・低めと変えてみる。低めならより強く内転筋を締めてじっくりとボールを呼び込むようにして打つ。特に低めのボールに対しては、投手寄りのヒザを最後まで緩めず我慢する。

ティーバッティング

下半身主導のスイングでムダな力を入れない

ねらい

Menu **054** スピードアップトス

難易度 ★★★★★

» 主にねらう能力と効果
① 体力強化
② 振る力を身につけさせる

やり方
1. トスは通常よりもテンポを上げて、次々に投げる
2. そのボールを連続して打つ

ポイント① ムダな力を入れずにスイングする

フィニッシュから構え直すときの切り返しが最大のポイントになる。このときによけいな力が入っていると戻しが遅くなる。腕を柔らかくしなやかに使ってバットを戻すこと。

おしりに重心を乗せない
素早い切り返しでスイングをしているとおしり側に重心が残ってしまいがちになる。両足の親指を中心にしっかりと地面をつかむイメージで、下半身主導のスイングを続けよう。

ロングスタンスでも試そう
通常のスタンスでできるようになったら、ロングスタンスでも同じように試してみよう。回数をこなせば下半身強化のトレーニングにもなる。

ティーバッティング
同じポイントで打てて タイミングが取りやすい

難易度 ★★★☆☆

» 主にねらう能力と効果
① 軌道をしっかり作る
② 体力強化
③ 集中力強化
④ 安定したフォームで打つことができ、バランスを保てる

Menu **055** 近くから早く

やり方
1. 通常よりも近い位置から、テンポの早いトスを上げてもらう
2. そのボールを連続で打つ。30秒間で40球が目安

ポイント① 心肺機能や筋力のアップに

早いテンポで連続でボールを打つ。このため回数やセット数を増やすことで心肺機能の強化になる。同時に背筋を使い、内転筋を締めて行うために下半身強化にもなる。

 ポイント②
トスを同じ
ポイントに投げられる

近い位置からトスを上げるために、打者の要求するポイントへ正確に投げられる。打者にとっては自分が打てるポイントを確実に練習することができるために効率がいい。

 ポイント③
フォームを崩さない

何度も連続してスイングするためにフォームが崩れやすい。崩れても続けるのではなく、フォームが崩れずにできるのは何回かという目安で行うようにする。

ティーバッティング

高め・真ん中・低めのコースをそれぞれ練習する

難易度 ★★★

» 主にねらう能力と効果
① スイング軌道の確認で正しいスイングを身につける
② 高低に即した対応力を身につける

Menu 056 近くからトス（高さを変える）

やり方

1. 高め、真ん中、低めを指示してトスを上げてもらう
2. 2m程度離れてトスされたボールを打つ

ポイント① すべてのボールを打とうとしない

高め、真ん中、低めのコースをしっかりとミートする。ただしすべてのコースを完璧に打てる必要はない。ここなら必ず打てるというコースを作ることを目指した練習をする。まずは振ってみて、うまく打てない高さを覚えスイング修正に役立てる。

🥎 ポイント② 高めへのトス

トスを上げる人は立ったまま投げる。

🥎 ポイント③ 真ん中へのトス

中腰になって正確に投げるようにする。真ん中を多くし、しっかり打てるようにする

🥎 ポイント④ 低めへのトス

しゃがんで低めへコントロールする。

ティーバッティング

とっさの指示に反応して そのコースまで待って打つ

ねらい

Menu **057** ランダムな高さを打つ

難易度 ★★★★

≫ 主にねらう能力と効果

① 間合いを作る
② 軸足にしっかり乗せる必要があるため上半身主導で打てない

やり方

1. トスを上げる選手は、投げた直後に打つ高さの指示を出す
2. 打者は指示された高さに来たときにボールを打つ（テニスボールでもOK）

🏀 ポイント① トスは高めから落とすように上げる

トスを上げる人はどんな指示も出せるように真上からベース上に落ちるように投げる。打者はテークバック後、重心をしっかりと軸足に乗せてボールを待ち、どの高さでも対応できるようにする。

ポイント②
投げた直後に指示を出す

トスを上げた直後に「高め」「真ん中」「低め」のいずれかの指示を出す。声が早すぎると対応するのが簡単になるし、遅すぎると打てない。指示の声のタイミングが重要だ。

ポイント③
早めのタイミングで待つ

打者は一番早いタイミングで待たなければならない。指示が低めだった場合は、ボールが落ちてくるまで前足で我慢し、軸足に重心を残すようにする。

ティーバッティング

バットを前に、大きく振り抜くスイングを覚える

ねらい

Menu **058** 下から振り上げ

難易度 ★★★☆☆

» 主にねらう能力と効果
① 下半身強化
② 大きなスイングを作る

やり方
1. バットとボールとティー台を用意する
2. ボールをストライクゾーンの高めにセットする
3. 下から上に振り上げるようなスイングでボールを打つ
4. 豪快に振ってみる

ポイント①
自然に腕が前に出る

バットを下から振り上げることで、腕が自然に前に出ていく。前の腕のヒジが上がるのでグリップ、両ヒジ、両肩で五角形も作りやすい。投手寄りのヒザは最後まで我慢して豪快に振り抜いてみよう。

🏀 ポイント②
前に大きく振り抜く

投手側の足はかかと重心にならないように注意し、捕手側の足は腰の回転とともに親指を中心に思いきり回転しよう。

🏀 ポイント③
ボールの
ななめ下を叩く

下からバットを出すからといってこすったような打球にならないように注意しよう。ボールのななめ下を確実に叩き、強い打球が打てるようにする。

ティーバッティング

グリップを逆にして手の返しが早いスイングを直す

難易度 ★★

≫ 主にねらう能力と効果
1. 前さばきが大きくできる
2. 手首を早く返さなくなる

Menu **059** 逆手で打つ

やり方
1. バットとボールを用意する
2. 左右の手を上下逆に持つ
3. トスを上げてもらう
4. そのボールを打つ

🏐 ポイント①
グリップを上下逆に持つ

本来なら投手側の手が下になるようにグリップを持つが、この練習では上で持つ。最初はとても窮屈に感じるはずだ。この窮屈なフォームでスイングするのがこの練習の目的だ。

ポイント② 投手側の手を離して待つ

最初から両手でグリップを持つと肩が前に入りすぎるなら片手で構えておく。トスに合わせて投手側の手を添えるようにするとスムーズにバットを出せる。

ポイント③ 手首の返しが早いと違和感

グリップを逆にしたスイングで手の返しを早くすると、違和感があるはず。順手でスイングの前への振り抜きが不十分なまま手首が返ってしまう、小さなスイングを修正することができる。特に高校生の場合は手首を返してしまうのでこの練習で手首が返るまで大きく前に振ってみよう。

ティーバッティング

インパクトまでのバットの軌道とその瞬間のフォームを確認

ねらい

Menu **060** インパクトを意識したティー

難易度 ★★★

≫ 主にねらう能力と効果
① インパクトをイメージできる

やり方
1. バットとボールとティー台を用意する
2. ティー台に置いたボールにバットの芯を合わせる
3. バットをトップの位置まで戻す
4. 戻した軌道を通るようにスイングする

ポイント①

バットの芯とボールを合わせる

バットの芯でインパクトをするイメージを持って、まずバットとボールを合わせる。そこからスイング映像の逆戻しをするようにトップの位置まで戻す。戻した軌道を通ってスイングする。

腕は五角形

ボールとバットを合わせるとき、グリップ、両ヒジ、両肩を結んだ形が五角形になっていることを確認する。この形がインパクト直前の理想的な形だ。

振り切らず
止めてみる

振り切らず、打った瞬間にバットを止めると、下半身はまだ回転しきれてないことがわかる。このとき、すでにヒザが伸びていないか、かかとに重心がいっていないか、さらには上半身はまだ正面を向いていないことがわかるはず。

ティーバッティング

捕手側の腕を返してしまうスイングを修正する

ねらい

難易度 ★★☆☆☆

» 主にねらう能力と効果
① 手首の返しを修正する
② 体の開きを抑える。かかとに重心がかからないための練習

Menu 061 腕1本で低めを打つ

やり方

1. バットとボールを用意する
2. ヒザの高さ辺りにボールを投げてもらう
3. 捕手側の腕には力を入れずにボールを打つ
4. 最後は投手側の腕だけで前へ振り切る

ポイント① 振り子のように振る

バットを下げて楽な姿勢で待つ。トスに合わせて軽くバットを振り上げてから、ヒザ辺りで打つ。打ってからは振り子のように反対へ自然に振り上げる。このとき投手側の腕1本で大きく振るが、前足よりグリップが外側に出ないように注意する。

 ポイント②

捕手側の手の返しを修正

バットを前に大きく振り切るのが理想。しかし捕手側の手でバットを強く振ろうとすると、それがバットを返そうという力として働いてしまう。これがバットの返しが早くなる原因だ。投手側の腕だけで振ることで、返しを修正する（下図は左打者の例）。

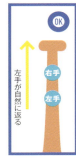

ポイント③

体の横ラインで振る

バットは体の左右のラインより前で振ること。背後まで振ってしまうと手を返す動作に近くなってしまう。捕手側の腕を添えたときの修正になりにくい。前足のヒザより外側にバットを出しては絶対にダメ。

ティーバッティング

「腕1本で打つ」パターンの発展形

難易度 ★★★

» 主にねらう能力と効果
1. 正しい手首の使い方を覚える
2. 振り幅が大きくなり距離感が出る

Menu 062 両手で低めを打つ

やり方

1. ヒザの高さ辺りにボールを投げてもらう
2. 腕1本で打つときのイメージのまま両手で打つ
3. 前に大きく振り切る
4. まずは軽打で行う

ポイント① 「腕1本で打つ」イメージのまま

まずは「腕1本で打つ」をやる。それができてから両手で打つ方法へ発展させる。両手になっても捕手側の手は返しが早くならないように注意する。写真ではしっかりと手首がフォロースルーで返っていることがわかる。

ポイント② 徐々にコースを上げる

低めができるようになったら少しずつトスを高めにしていく。高めになっても体の左右のライン上で振るイメージは持ち続ける。そうすると前に大きく振り抜くスイングが身につくはずだ。

NG 手首の返しが早い

ボールを打った直後に捕手側の腕でバットを押し込んでいる。このためバットが早く返ってしまっている。特に投手側の足がかかと重心（ヒザが伸び切る）になると手首はこの位置で返ってしまい、打球は飛ばなくなる。

ティーバッティング

前のヒザが割れないスイングを覚える

ねらい

Menu **063** ペットボトルをヒザに挟む

難易度 ★★★

» 主にねらう能力と効果
① 内転筋の強化
② ヒザの送りを覚える

やり方

1. バットとボールとペットボトルを用意する
2. ヒザにペットボトルを挟んでバットを構える
3. トスを上げてもらい、ペットボトルを落とさないように打つ

ポイント①
両足のヒザを「送る」

ペットボトルを挟んでいるので、両足のヒザを同調して動かさなければならない。いわゆる「ヒザの送り」を意識する。ヒザの動きが固いとぎこちなくなってしまうのでヒザを柔らかく使うようにする。

ここに注意!

ペットボトルを挟んでいても投手側の足の支点を外側に移動することなく最後まで内側で支えよう。

🟠 ポイント②
ヒザに挟んで「割れ」を修正

ペットボトルはヒザの辺りで挟む。この体勢でスイングしたときに前のヒザが割れるとペットボトルは落ちてしまう。前のヒザは内側へ締めて、後ろ足の送りでペットボトルを支えよう。

🟠 ポイント③
内転筋を締める

バッティングに重要な内転筋の強化は欠かせない。ペットボトルが落ちてしまうという人は内転筋のトレーニングを多めに取り入れてから行うようにしよう。

ティーバッティング

投手側のワキが開く
スイングを矯正する

難易度 ★★★

» 主にねらう能力と効果

1. ワキが締まりバランスよく回転できるようになる
2. 大胸筋の強化につながる

Menu 064 ペットボトルをワキの下に挟む

やり方

1. バットとボールとペットボトルを用意する
2. ペットボトルを両ワキの下に挟んで構える
3. トスを上げてもらう
4. ペットボトルを落とさないようにそのボールを打つ

🔶 ポイント①

前のワキが開くとヘッドが下がる

投手側のワキが開くとバットヘッドが下がる。これを修正しようと左手を使うとヘッドが上がる。つまりバットが波打つようになってしまう。ペットボトルを挟めば、この問題点を修正できる。バットは体から離れるほど力が伝わりづらくなる。ワキを締め軸回転で振ってみよう。

ポイント②
体にまとわりつくように振る

ワキの下を締めておけば、グリップが体の近くを通り、体にまとわりつくようなスイングになる。一見すると不自由な形で振るが、結果的にはバットヘッドが走るスイングになる。

ポイント③
インコース打ちの基本

バットが体の近くを通るということは、ミートポイントが体の近くにできるということにつながる。これはインコース打ちの基本になる。

ティーバッティング

力を入れずに打って芯で確実にとらえる

Menu **065** 軽打する

難易度 ★★★

» 主にねらう能力と効果
1. 軽打で形を作る
2. しっかりとしたスイングの土台作り
3. 形を確認できるのでイメージとの乖離を修正できる

やり方
1. トスを上げてもらう
2. そのボールを軽く打つ

ポイント①

強く打とうとしない

ボールを強く打とうとするとどこかにゆがみが生じやすい。強く打つことしかないとそれに気づかない。そこで軽く打って、自分の形を確認するのがこの練習の目的だ。ただしフォームはいつもと変わらないようにすること。

ポイント②
バットの芯でとらえる

軽く振るのでバットの軌道を感じながら振ることができる。ボールの位置とバットの芯の位置をピタリと合わせてミートするようにする。

ポイント③
インパクトで止めてみる

軽く打った上にインパクトの瞬間で止めてみる。自分のインパクトの形がどうなっているのか確認する。バットのヘッドが遅れて出ているか、腕が五角形になっているかなどを目で見て確認しよう。

❌ ここに注意！

インパクト直前の腕が三角形になっていたら前のヒザの伸びで体が後ろに戻るため、体からバットが大きく離れてしまう。

ティーバッティング

下半身を使わずに
バットを走らせる

難易度 ★★

» 主にねらう能力と効果

① タイミングを取るため腰を柔らかく使うことに気づく
② インサイドアウトの意識が強まる

Menu **066** イスに座って

やり方
1. バットとボールとイスを用意する
2. イスに座ってバットを構える
3. トスを上げてもらう
4. そのボールを打つ

ポイント① 重心を固定して振る

イスに座った状態でバットを振るので、重心の移動はできない。また下半身の力で踏ん張ることもできない。この状態でもバットをしっかりと振るようにするのが目的だ。さらに背もたれからテークバックをとる際、体を離さない。肩を入れられないので腰を柔らかく使うとタイミングが取れることがわかる。

🏀 ポイント②
ヘッドを走らせる

トスに合わせてグリップを出していき、そこから一気にバットのヘッドを走らせてボールをとらえる。下半身は固定しているので、このときのバットの使い方をクローズアップして確認するようにする。

🏀 ポイント③　インパクトでバットを止める

最初から強く振るのは難しい。そこで最初は軽打でいい。またインパクトで止めてバットの出方を確認するのも効果的だ。アウトサイドインならヘッドがグリップより前に出ている。

ティーバッティング

つま先で軸回転をして指で地面をかむ

難易度 ★★★★

» 主にねらう能力と効果

① しっかりとした回転を身につける
② 体の開き（正面を向いてしまう）を極力抑えることができる

Menu 067 かかと重心を矯正する

やり方

1. バットとボール、さらに古くて使えなくなったボールを2個用意する
2. スタンスの幅に古いボールを置いて、そこにかかとを乗せて構える
3. トスを上げてもらう
4. そのボールを打つ
5. 捻挫しないように注意する

ポイント① かかとの下にボール置く

後ろに重心が残らないように、いらなくなったボールをかかとの下に置く。こうしてスイングすると自然につま先側に重心が乗り、鋭い軸回転ができる。

🔶 ポイント② 足の指3本で地面をかむ

足の裏全体で足を回転すると軸がぼやけてしまう。鋭い軸回転をするためには親指を中心とした3本の指で地面をかむように使うこと。足の裏全体だと前足もボールから離れてしまう。

🔶 ポイント③
ヒザの割れを防ぐ

親指で地面をしっかりとかんでいれば前足のヒザが前方に開く「割れ」を防ぐことができる。それがさらに腰の鋭い回転へとつながっていく。

COLUMN 2 「個性」は直す必要はない

「バッティングフォームのクセを直したい」という悩みを持つ選手は多い。だがここで考えなくてはならないのは「クセ」とは何かということだ。例えばボールを待つ間の構えは人それぞれ。バットを高く構えようが、寝かせて構えようが、その選手が構えやすいなら、それは個性であり、直す必要がないものなのだ。

では直す必要があるクセはどういうものだろうか。それはフォームが「理にかなっていない」場合だ。例えば、構えたときにバットが必要以上に背中側に入ってしまうようなフォーム。これではバットがスムーズに出ないし、それ以前に窮屈でボールをしっかりと見ることができない。

クセを直すには正しいフォームを体に覚え込ませること。そのために必要な練習法は本書の中で繰り返し説明しているので、それぞれの練習に取り組むようにしてほしい。

第4章
スイング

いいバッティングには正しいスイングが不可欠。
ここではスイングのポイントや練習法を紹介していく。

バットスイングの見本

右打者のスイング

Menu076「いろいろなコースを振る」（P142〜）のなかから、右打者と左打者のスイングを紹介。自分に合った、しっかりとしたスイングを身につけよう。

左打者のスイング

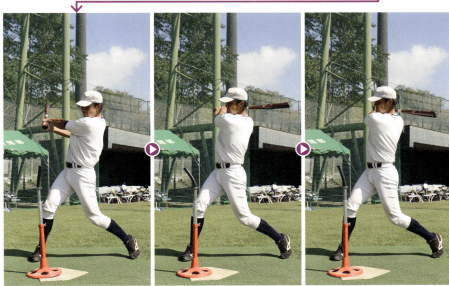

スイングのポイント

スイングをチェックする

一見すると問題がないように見えるスイングだが…

Check!

◀一人で振っていたときには問題がないように見えたスイングだが、ちょっとグリップに手を添えただけでまったく動けなくなってしまった。これは腰と下半身の使い方に問題があるからだ

スイングで大事なことは上体だけで振るのではなく、腰の回転とヒザの使い方を意識すること。実際の練習メニューに入る前にポイントをチェックしておこう。

ポイント　内転筋を意識する！

▲投手側の足の内転筋を意識してスイングしてみる。腰が回転してヘッドが遅れて出てくるのがわかる。もちろん両足親指を中心にしっかり地面をかむことが大切

上体だけで振る

腰が伸びきる

上体だけで振ろうとして下半身がまったく使えていない。これでは力強いスイングはできない

腰が伸びた状態でスイングしようとしたら当然、腰は回転しない。下半身の力を状態に伝えることができない

スイング

後ろのヒザが落ちてしまうスイングを直す

ねらい

難易度 ★★★☆☆

» 主にねらう能力と効果

① 弱点及びクセの矯正

Menu 068 ヒザが落ちるのを矯正する

やり方

1. バットとボールと長い棒を用意する
2. 構えたら棒で後ろ足のヒザを触っておく
3. 棒で触ったままスイングする

 ポイント①

棒で触って意識させる

ただ「ヒザを落とすな」といってもなかなか直らないもの。そこで棒でヒザに触れておいて、本人に意識させながらスイングさせる。工事用の棒などが軽く長いので便利だ。また、ヒザが落ちる選手の場合、バットを前でさばくイメージができない。68〜69ページのイスを使った練習や前足に重心を完全に乗せてスイングさせることも有効。

ヒザが落ちると軸回転できない

ヒザが落ちてしまうと後ろ足の軸回転の軸がないスイングになる。さらに後ろの肩が下がりやすく、バットが波を打ったような軌道になる。特に高めのボール球への対応は難しいものになる。

 ポイント②

腰が落ちて地面をかめない

後ろ足のヒザから完全に曲がってしまい、腰が落ちる。こうなると後ろ足の指で地面をつかむことができないので、力が抜けたようになってしまう。それを上半身の回転でカバーしようとするため、ミート力は著しく低下する。

スイング

問題のあるさまざまな箇所を棒を使って矯正する

Menu **069** 棒を使う（その他）

難易度 ★★★☆☆

» 主にねらう能力と効果
① 修正点を意識させ、正しい体の使い方を覚えさせる

やり方
1. バットとボールと長くて軽い棒を用意する
2. 問題のある箇所を棒で触る
3. 触られている箇所を意識しながらスイングする

ポイント①

前のヒザの割れを修正

前のヒザが割れると強い軸回転を生むことができない。このようなクセがあるなら前足のヒザの外側を棒で触ってスイングする。親指で地面をしっかりとかんで、ヒザの割れを防ごう。

ポイント② 工事用の棒が安価で便利

この練習には長くて軽い棒が必要だが、最適なのが工事用の黒と黄色のゼブラの棒だ。比較的安価でいろいろなところで手に入れられるので、チームに1本用意しておくといい。

ポイント③ 腰が前に出るのを修正

後ろの腰が前に出たり、落ちたりするのにも棒を使う。つっかえ棒のように軽く腰を押して、下半身からの軸回転まで我慢させよう。場合によっては2本の棒で2カ所を押してスイングを修正していく。

スイング

バットを徐々に大きく振ってヒザの柔らかい使い方を覚える

難易度 ★☆☆☆☆

» 主にねらう能力と効果
① ヒザ、腰、腕を柔らかく使う

Menu 070 ヒザを柔らかく使う

やり方

1. バットを用意する
2. バットの先端を下に向けて軽く横に振る
3. 徐々に振り幅を大きくしていく
4. バットの振りが大きくなるにつれて、ヒザを左右へ柔らかく動かす

ポイント① ヒザをバットの動きに連動させる

体の前で振り子のようにバットを振る。このときヒザは固くならず、バットの動きに連動させて軽く曲げ伸ばしをする。するとヒザの動きが腰へとさらに連動していく。

ポイント② かかとを浮かせて自然に振る

両方のヒザは常に軽く曲げておく。バットが右に行ったときに左のヒザが深く曲がり、かかとは自然に上がる。右に行ったときは左のヒザが深く曲がり、そのかかとが軽く上がるようにする。

ポイント③ 振りを大きくしていくとスイングに

バットの振り幅をさらに大きくしていくと最後は腰が回転した横振りになる。これが自然なスイングの形。下半身を主導にしてバットへと連動していく形がわかるはずだ。

スイング

ヒザを柔らかく使いながらスイングへつなげる

ねらい

難易度 ★★★☆☆

≫ 主にねらう能力と効果
① 脱力を覚える
② ヘッドの重みを感じる

Menu 071 ヒザ回し

やり方

1. ヒザを回すのと連動させてバットを回す
2. 数回バットを回したら、その流れでトップへ持っていく
3. スイングする
4. 全身を脱力し、体の重みだけを感じてスイングする

ポイント① ヒザと同じ方向へバットを回す

バッティング練習に入る前の準備運動にもなるヒザの運動を行う。バットの先端を投手に向けたらそこから自分に近いところを通して後ろへ、さらに円を描きながら外角側を通して再び前へ。この間ヒザをバットと同じ方向へ回す。

🔴 ポイント② トップまでバットを引く

バットを体の近くを通したときの流れでトップの位置まで引いていく。
グリップが下から入る。これに合わせて軸足へ重心を乗せる。

🔴 ポイント③ そのままスイングする

トップが作れたらそこからさらにスイングへ。バットを回したときにヒザを柔らかく使ったことを忘れずに、スイングにも生かすことが大切だ。

スイング

風圧のかかる竹ぼうきの遠心力を利用して振る

ねらい

Menu 072 竹ぼうきを振る

難易度 ★★★☆☆

» 主にねらう能力と効果
① インサイドアウトを意識する
② ヘッドスピードが上がる

やり方

1. 竹ぼうきを用意する
2. バットを素振りするのと同じように振る

ポイント① 風圧のかかる竹ぼうきを振る

竹ぼうきはバットよりも先端が大きく、風圧がかかる。バットと同じように素振りをして、先端で風を切るようなスイングができるようにする。

🟠 ポイント② 体の近くを通る

グリップを体の近くをまとわりつくように通す。こうすると竹ぼうきの先端が遅れて出てくる。ここではまだ風圧はかかっていない。

🟠 ポイント③ 遠心力を利用して回転させる

グリップを使って一気に竹ぼうきの先端を振る。このときに強い風圧がかかるが、風を切って一気に前まで振れれば、バットを振ったときのヘッドスピードが上がる。また、手首を早くこねてしまうとうまく振れない

スイング

壁は体の外ではなく内側に作るもの

ねらい

Menu **073** 内壁を作る

難易度 ★★★★★

» 主にねらう能力と効果
① ヘッドスピードが上がる
② 打球を遠くに飛ばす
③ ボールを引っ掛けなくなる

やり方
1. 投手側の足の内転筋を引き締めながらスイングする
2. 内側に壁ができていることを確認する

🟠 **ポイント①**

内側に壁を作るスイング

内側に壁を作るためには投手側の足のヒザを割らずに、さらにインパクトの瞬間に内側に絞るようにする。ゆっくりと動いてみて自分のフォームはどうなっているかを確認してみる。とにかくゆっくり動作を繰り返してみる。

ポイント②
一般的な壁のイメージ

一般的には壁は体の外側に作るものといわれている。人に立ってもらって体の外側にある壁をイメージしてインパクトまでのスイングをしてみる。特に高校生の場合、前方に壁を作ろうとしたとき、肩だけが残って投手側の腰を外側に逃してしまう。

ポイント③
内側に作る壁

バッティングの理屈を考えれば、壁は前足の内側に作るもの。つまり太ももの内側にある内転筋だ。スイングするとき、この内転筋を引き締める。実際に自分で触って確認してみる。最後まで内壁の意識を強く持ってスイングしてみよう。

スイング

インパクトの瞬間の「戻し」を使ってパワーを生む

難易度 ★★★★★

» 主にねらう能力と効果
① 最重要ポイント
② 爆発的な飛距離を生み出せる

Menu **074** 「行く」と「戻し」…一瞬の我慢

やり方

投手側の足の「行く」と「戻し」を意識しながらスイングする

ポイント① 「行く」の後に「戻し」を入れる

インパクトの瞬間に、投手側の足の軸回転を一瞬だけ止める。これが「戻し」だ。これができると両足が内側へ絞られて瞬間的なパワーが生まれる。テークバック後、腰が回転しはじめ、右足が一緒に回るのではなく、一瞬矢印が戻るような感覚。

ポイント②
投手側の足の軸回転イメージ

投手側の軸回転のイメージを矢印で表すと図のようになる。最初は素直に軸回転していく。これが「行く」。しかしインパクトの瞬間に内側へ絞るような使い方をする。これが「戻し」だ。

［左打者］

ポイント③
投手側の足の「戻し」がない場合

「戻し」がない軸回転のイメージを矢印で表すと図のようになる。軸回転はできているが、瞬間的な内転筋の絞りが使えていない。

［左打者］

スイング

ボールの内側を叩くための腕の使い方を覚える

難易度 ★★★☆☆

» 主にねらう能力と効果
① インサイドアウトを身につける
② 正しい軌道（バット）で振れるようになる
③ ヘッドスピードが上がり飛距離が出る

Menu 075 ボールの内側を叩く

やり方

1. ティー台とボール、バットを用意する
2. ボールの内側を叩くイメージでゆっくりとスイングする

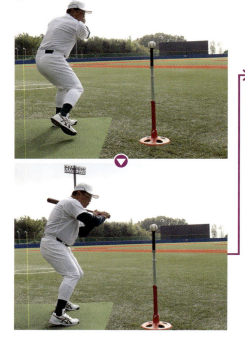

ポイント①
腕が体にまとわりつくイメージで

スイングのとき腕が体にまとわりつくイメージでまずはグリップを出していく。グリップが十分に出てから手首を使ってバットを出す。こうするとバットがボールの内側を叩くスイングになる。（ペットボトルを挟んだスイングに近い）

ポイント②
腕が五角形になる

ミート時の腕の形を上から見てみよう。グリップ、両肩、両ヒジで五角形となるのが理想的なフォームだ。

ボールの内側を確認

練習の前に「ボールの内側」を目で見て確認しよう。打席に立ったらそこをめがけてバットを出していく。

バットが出るのが早い

グリップが出るのとほぼ同時にバットが出てしまっているスイング。これではボールの内側ではなく外側よりを叩いてしまう。

腕が三角形になる

両肩とグリップを頂点とする三角形になると手がかぶる形になる。バットが外から出る「アウトサイドイン」のスイングになってしまう。このため手首が早く返り、打球に力強さが伝わらない。

スイング

ティーを使って さまざまなコースを打つ

ねらい

Menu 076 いろいろなコースを打つ

難易度 ★★★☆☆

» 主にねらう能力と効果

① 集中力を高める
② 一球一球確認し、しっかりとしたイメージ作りに役立つ
③ トスと違い体のブレに気づきやすい
④ いろいろと試すことができる

やり方

1. バットとボールとティー台を用意する
2. ティー台を内角、真ん中、外角へ置いてそれを打つ

🟠 ポイント①

1球1球を大切に打つ

ティーの位置を内角、真ん中、外角、さらに高さもさまざまに変えて打つ。コースによってバットの角度や腕のたたみ方が変わる。1球ごとにバントの構え、スイングイメージ、実際に打つ、という手順を踏んで、それぞれのコースを打つときのフォームを固めるのが目的だ。

ポイント② 真ん中を打つ

ティー台をホームベースの真ん中に置く。インパクト時のバットの位置や角度、腕のたたみ方などをひとつひとつ確認してから打つ
❶バントの構えでボールにバットの芯を合わせる
❷一度バットを引き、今度はスイングをイメージしてもう一度ボールとバットの芯を合わせる
❸トップまでバットを引いてから、今度は実際のスイングスピードで打つ

ポイント③ インコースを打つ

ティー台をホームベースの内側・前方の角に置く。ここがインコースのミートポイントになる。

① バントの構えでボールにバットの芯を合わせる。真ん中のときよりも右手が体の近くになることを確認する

② 一度トップの位置までバットを引き、スイングをイメージしてゆっくりとボールにバットの芯を合わせる

③ 再度トップまで引いてから、実際のスイングスピードでボールを打つ

ポイント③ アウトコースを打つ

ティー台をホームベースの外側・後方の角に置く。ここがアウトコースのミートポイントだ。
❶バントの構えでボールにバットの芯を合わせる。インコースと比べてバットの角度は外へ向くことを確認する。
❷一度トップまでバットを引いて、今度はスイングをイメージしてゆっくりとボールにバットの芯を合わせる
❸もう一度トップを作ってから実際のスイングスピードでボールを打つ。

スイング

理にかなっていない悪いスイングを直す
ねらい

Menu **077** ダメスイングを直す

難易度 ★★★☆☆

» 主にねらう能力と効果
① 問題点の修正

やり方
1. 選手の個性とはいえないフォームは修正する
2. 個性か悪癖かはそのフォームが理にかなっているかどうかを判断基準にする

ポイント①

修正前

ボールを長く見るため?

テークバックを深く取ろうとして、投手側の肩を内側に入れてしまうケースが多い。力を蓄え強く振りたい気持ちの表れだが、実際にはボールが見えづらくなり、肩を入れたぶんだけボールまでの距離が長くなるため、前方の足、腰、肩を開いて打ってしまう。したがって投手に早く体を向けてしまうため、小さなスイングとなる。

ポイント②

修正後

トップを作ったら両肩は平行を保つ。そうすることで素直にバットを出すことができる。修正方法は「棒を使う」の本人に前の肩が内側に入らないように意識させる方法が最適だ。

COLUMN 3 体重を後ろに残せない

「体重を後ろに残せ」という一般的な指導法に対して、前に出て打ってしまう選手がいたとする。これは個性なのか、悪癖なのかは判断が難しいかもしれない。でも私の考えでは「個性」と考えていいと思う。

もちろん一般的にはボールを十分に引きつけて、後ろに軸を作って打つ。そのほうがじっくりとボールを見ることができるからだ。しかし最終的にはステップした足の内側に支点を作り打ちにいくことになる。前に出てしまう選手はこの前へのステップのタイミングが早いということ。前に出るのが悪いと感じるのは、前にステップするのと同時に手も一緒に出るからなのだ。ということは前に出るのが早くても、しっかりと前足の内側に壁を作れて待っているのなら、それは本人にとって理にかなった打ち方と考えていい。

第5章
その他の練習

フリーバッティング、ロングティー、あるいはヒジの使い方といったバッティングを作り上げていく上で必要な打撃練習に取り組もう。

その他の練習

ねらい
ストライクゾーンを確実にミートする

Menu **078** ペッパーゲーム

難易度 ★★★☆☆

≫ 主にねらう能力と効果
① バットコントロールを身につける

やり方
1. バットとボールを用意する
2. ボールを投げる人はグラブをつける
3. 4～5mの距離からボールを投げる
4. 打者はミートを意識して投げた人に打ち返す

ポイント①

打ちやすいところへ投げる

ボールを投げる人は4～5m離れたところから、打者の打ちやすいところへ投げる。打者は強く打ったり、打球方向を打ち分けたりといったことはしない。投げた人に丁寧に打ち返す。

🔴 ポイント② バットを止めて丁寧に打つ

ボールを打つときは顔とボールを近づけて、丁寧にバットを出していく。写真のように外側に外れたボールに対しては、後ろ足を前に出してバットを体から離さないようにする。

🔴 ポイント③ どんな球でも対応できるようにリラックスして構える

内側よりにきたボールに対しては、前足を開き、ここでも体とバットの距離を一定に保つ。高校生のペッパーゲームの下手な理由は投げ手の問題もあるが、体からバットが離れてコントロールできないことにある。

その他の練習

自分の好きなボールを気持ちよく思い切り打つ

Menu **079** フリーバッティング

難易度 ★★★☆☆

≫ 主にねらう能力と効果
① 実戦に近づけていく

やり方
1. 守備をつける
2. 投手が投球する
3. 打者は自由に打つ

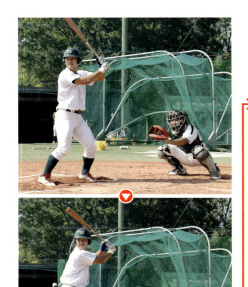

ポイント① 好きなボールを打つ

フリーバッティングは自分の好きなボールを気持ちよく打つのが目的だ。投手は素直なボールをストライクゾーンへ投げてあげる。打者が自分が練習したいコースを指定してもいい。ハーフスピード程度を軽打することから始めるのも良い練習となる。

ポイント② ストライクゾーンを打つ

すべてのコースを打つ練習をする必要はない。自分が絶対に打てるというポイントを見つけて、そこを確実に打てるようにする。投球が悪ければ見逃してもいい。

ポイント③ 思い切り振り抜く

指導者の理想は長距離打者を育てること。そのためにはだれでも思い切り振り抜くようなスイングを練習しなければならない。最初から当てに行くようなバッティングはしないこと。前方5m程度にネットを置き、コースにトスして振らせるのも効果的。

その他の練習

打ちたいコースを指定して思い切り遠くへ飛ばす

Menu **080** ロングティー

難易度 ★★★☆☆

» 主にねらう能力と効果
① 振り抜く力を鍛える
② どのように打ったとき飛距離が出るかを覚える

やり方
1. バットとボールを用意する
2. 外野の守備につく
3. 打ちたいコースを指定して投げてもらう

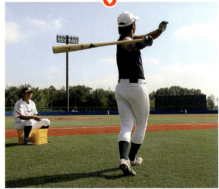

ポイント① 遠くへ飛ばすことを意識する

ネットに向かって打つティーはフォームなどをチェックするのが目的だが、ロングティーはとにかく遠くへ飛ばす。外野の守備を越えるくらいの意識で取り組もう。

🏀 ポイント② コースを指定する

投げてもらう前に自分がどこを打ちたいのか指定する。苦手なコースを打つことが目的ではなく、得意なコースを思い切り飛ばすことが目的だ。

🏀 ポイント③ 全身を使ってスイング

遠慮は必要ない。全身のばねを使って、思い切りバットを振る。野球のバッティングの醍醐味である飛ばすことを目指す。

その他の練習

ヒジの使い方と
バットの位置を確認する

ねらい

Menu 081 ヒジの使い方①

難易度 ★★★★★

≫ 主にねらう能力と効果
① 振り幅を大きくする
（インサイドアウト）
② インコースが打てる
ための条件

やり方

1. 写真で動作を確認しながらバットを持つヒジの使い方を覚える

前から

ワキを締めてヒジを直角に曲げてわき腹につける。手のひらは開いて上に向ける

手のひらを向い合わせてみぞおちの前辺りで合わせる

左打者の場合、自分から見て左へ手首を曲げて指先を左へ向ける。（右打者の場合右へ曲げる。以降、右打者は反対になる）

合わせた手を右へ平行移動する。このときワキは開かないこと。

横から

ヒジを直角に曲げてワキの下につける　　両手を合わせる

手首を左へ目一杯曲げる　　手を右へ平行移動させる

完成形

形を崩さずにバットを持つ。ペットボトルを挟んだときの感覚を思い出してみよう

その他の練習

ヒジの使い方とバットの位置を確認する

難易度 ★★★★★

≫ 主にねらう能力と効果
① ヘッドスピードが上がる
② 飛距離を生み出す

Menu 082 ヒジの使い方を覚える②

やり方

1 写真で動作を確認しながらバットを持つヒジの使い方を覚える

ヒジを直角に曲げてわき腹につける

わき腹からヒジを離さずに、手のひらを開く

両手の平を合わせる

左打者の場合、自分から見て左へ手首を曲げて指先を左へ向ける。（右打者の場合右へ曲げる。以降、右打者は反対になる）

曲げたほうと反対のヒジをわき腹から離して持ち上げる

手のひらの高さを変えずに左ヒジが胸の前をこする感じで平行移動する

形を変えずにバットを持つ

腕の形は変えずにバットを左へ引く

バットを持つ前の位置へグリップを戻す

グリップと両ヒジと両肩で五角形になる

その他の練習

ヒジの使い方ができているか
バットを持って確認する

難易度 ★★★★★

» 主にねらう能力と効果
① 下半身主導の回転を覚える
② 全身の力を一気に集約することで回転が早くなる

Menu 083 グリップを押さえる

やり方

1. バットを構えたら、サポートの選手がグリップを両手で押さえる
2. 「ヒジの使い方を覚える」でやった動作をイメージしてグリップを移動する
3. 危険なのでバットは絶対に振らないこと

ポイント① 正しいヒジの使い方

まずヒジの使い方ができているスイングを確認してみよう。グリップが体の近くを通り、バットが体にまとわりつくようになっている。十分にヒジを使い切ったところでバットを走らせる。最後にバットのヘッドが返る。

🔶 ポイント② グリップは前に押せない

グリップを両手で押さえてもらう。グリップを体から離してバットのヘッドを遠くから出すようなスイングではまったく動作ができなくなる。

🔶 ポイント③ グリップは体の近くを移動

グリップを前から押されていても体に捕手側のヒジがまとわりつき、しっかりとした腰の回転ができれば押さえている人が前方に移動する。(今までの練習がしっかりこなせていれば多少の回転はできる)

COLUMN 4 自分の打撃フォームを分析

　自分のバッティングフォームは正しいのか、間違っているのかというのは、本人にとってはとても判断がしにくいものだ。何が正しくて、何が間違っているかという以前に、自分のフォームは自分で見ることができない。頭の中で思い描いている理想のフォームと、実際の自分のフォームにズレがあるのはよくあることだ。

　そこで自分のフォームを動画で撮影して、見てみるのはとても有効なことだ。今は携帯電話やスマホで簡単に撮影できる。練習の合間に友だちにちょっと撮ってもらえばいい。

　次にその自分のフォームが正しいのかということになる。それは本書でも見本として紹介している連続写真を利用すればいい。自分のフォームと1コマずつ見比べて、違っているならマネをすればいいのだ。ただしここで注意してほしいのがP120でも説明したように、「個性」は直す必要がないということ。「理にかなっている部分」だけをマネするようにしてほしい。

第6章

バント

攻撃はただ打つだけではない。
バントもときには大きな武器となる。
ランナーを進塁させる送りバント、
自らが生きるためのバントの技術も高めておこう。

バント

左右へ打ち分ける
バントの基本を覚える

ねらい

Menu 084 バント（基本の形）

やり方

1. バットとボールを用意する
2. 投手がボールを投げる
3. バントで正面、一塁側、三塁側へ打ち分ける

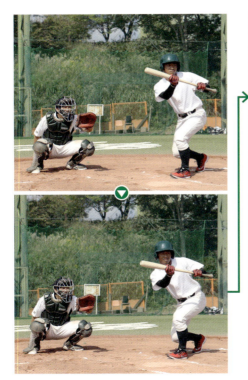

ポイント① ヒザで高さを調整する／手で細工しない

まずはバントを正面に転がしてみる。体の向きはやりやすいように構える。このときバットと顔を近づけてヒジの力を抜き、バットはしっかり握る。高さの調整はバットではなくヒザを使って行う。また、外側のボールに対しては手でやるのではなく、体ごと持っていくようにする。

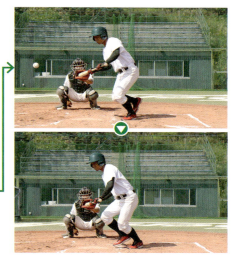

🔴 ポイント② 一塁側へセーフティーバント

バントの基本は同じ。一塁側へのセーフティーバントはある程度早く構え、しっかり強弱をコントロールし、転がった直後に走り出す。

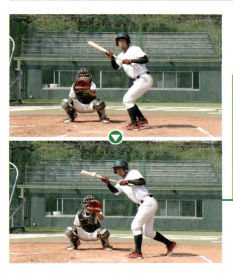
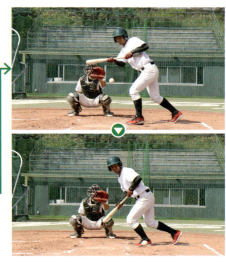

🔴 ポイント③ 三塁側へセーフティーバント

手で細工（いきなり手を下ろす）はしない。バットと顔の距離が遠くなるとミスが起きやすいので、しっかりバントの形を作り、ボールの勢いを殺すことが重要。

バント

引っ張る方向への
ドラッグバントを覚える

ねらい

Menu **086** ドラッグバント

やり方
1. バットとボールを用意する
2. 投手がボールを投げる
3. 左打者が一塁方向をねらうドラッグバントをする

🔴 **ポイント①** 左打者が一塁方向をねらう

ドラッグバントは基本的には左打者が一塁方向へバントをして、自分も生きようとするもので、投手、一塁手、二塁手が絡むような所をねらうのがベスト。

🔴 ポイント② 構えはインハイに目つけ

構えはインハイに目つけし、高低はヒザで、インコース以外は失敗となるので、バントの構えだけにとどめる。

🔴 ポイント③ バントをする瞬間に左足を前に出す

バントする瞬間に左足を前に持ってくるとヘットが下がりにくく、さらに強弱を調整しやすくなる。

バント
守備の動きを見て
野手の間をねらう

Menu **087** プッシュバント

やり方

1. バットとボールを用意する
2. 投手がボールを投げる
3. 打者はプッシュバントをする

ポイント① 押し込むようなバント

通常のバントは打球の勢いを殺すが、プッシュバントはボールが当たる瞬間にバットを引かずに強い打球を転がす。前進守備の野手の意表をついたり、二塁手に捕らすように転がすことで、相手守備を撹乱することがねらい。

🔶 ポイント②
野手の横を抜く

バントを警戒した野手が猛烈に前進してくるときに、強いバントをして横を抜くのをねらう。プッシュバントは打球の方向が大切で、打球の勢いは殺さないようにする。

🔶 ポイント③
守備力のないチームに有効

野球は強打が基本と考えているが、打力の弱いチームには必要なテクニックだ。セーフティーバントとプッシュバントがあれば特に守備力のないチームにとって脅威となる。

CONCLUSION
おわりに

　野球の中でも一番難しいのが打撃力をアップすることです。アマチュア野球界では投高打低と言われ続けて久しい状況が続いています。
　果たしてその原因は何でしょうか？　数多い原因の中でも特にパワー不足と研究不足があげられます。まずは形にこだわり技術を追う前に、"今よりも、誰よりも遠くに飛ばしたい。そして誰よりもうまくなりたい"この欲求を持ち続けることが非常に大事です。
　そして自分のスイングをしっかりと分析し、弱点の克服のためにバットを振り続ける根気と、たとえわずかな時間でも無駄にせず集中してトレーニングを行うことが、明日の打撃力向上に直結します。
　また、チームメートと打撃だけではなく野球全般に対しての議論を行うことも、多くの問題克服に役立つものと考えます。
　本書では多くの練習方法を紹介していますが、ほとんどが簡単にできるものばかりです。ただし、掲載された写真のような形でできるのか？　できなければ何が違うのか？　また何が原因なのか？
　そしてどのようにすればできるのか？　いろいろと試し、工夫することが重要です。その弛まない探究心こそが打撃力をアップしてくれるものと信じています。
　自らの打棒でチームを勝利に導く‼　皆さん是非頑張って下さい。

専修大学野球部監督
齋藤正直

著者&チーム紹介

著者
齋藤正直　さいとう・まさなお

1960年4月3日、秋田県象潟町（現・にかほ市）生まれ。秋田高校では強打の左打者として1年からレギュラー。1979年に専修大学に進学し、1年の春季リーグから四番を務める。東都大学リーグでは3年秋と4年秋に優勝（ベストナイン2回）。81年明治神宮野球大会準優勝。大学4年時にはプロ10球団からドラフト指名の打診を受けるも拒否して川崎製鉄千葉（現・JFE東日本）に入社（83年）。同野球部では現役12年間で都市対抗に9回出場。94年11月に監督に就任し、在籍4年間で都市対抗に3回出場（準優勝1回、ベスト4に2回）、日本選手権ベスト4の成績を収める。その後、社会人日本代表のコーチ、日本野球連盟競技力向上委員、日本オリンピック委員会強化スタッフを歴任し、2014年3月に専修大学監督に就任。14年秋にチームを1部昇格に導くと、15年春には1部リーグ優勝を果たした。

撮影協力
専修大学野球部

1925年創部で東都大学リーグ歴代最多となる32回の優勝を誇る名門。15年春のリーグ戦も制覇した。黒田博樹（広島）、長谷川勇也（ソフトバンク）、山沖之彦（元・オリックス）、中尾孝義（元・中日など）、岡林洋一（元ヤクルト）など、NPBプレイヤーを多数輩出している。

協力
照屋英輝

デザイン	有限会社ライトハウス
	黄川田洋志、井上菜奈美、田中ひさえ、
	今泉明香、藤本麻衣、岡村佳奈
イラスト	丸口洋平
写　真	大泉謙也
編　集	大久保亘、佐久間一彦（ライトハウス）

差がつく練習法
野球　強打者になるバッティングドリル

2015年12月15日　第1版第1刷発行
2018年 1 月18日　第1版第2刷発行

著　者／齋藤正直

発 行 人／池田哲雄
発 行 所／株式会社ベースボール・マガジン社
　　　　　〒103-8482
　　　　　東京都中央区日本橋浜町2-61-9 TIE 浜町ビル
　　　電話　　03-5643-3930（販売部）
　　　　　　　03-5643-3885（出版部）
　　　振替口座　00180-6-46620
　　　　　http://www.bbm-japan.com/
印刷・製本／広研印刷株式会社

©Masanao Saito 2015
Printed in Japan
ISBN978-4-583-10848-3 C2075

＊定価はカバーに表示してあります。
＊本書の文章、写真、図版の無断転載を禁じます。
＊本書を無断で複製する行為（コピー、スキャン、デジタルデータ化など）は、私的使用のための複製など著作権法上の限られた例外を除き、禁じられています。業務上使用する目的で上記行為を行うことは、使用範囲が内部に限られる場合であっても私的使用には該当せず、違法です。また、私的使用に該当する場合であっても、代行業者等の第三者に依頼して上記行為を行うことは違法となります。
＊落丁・乱丁が万一ございましたら、お取り替えいたします。